Cours Complet D'HARMONIE ET DE COMPOSITION,

d'Après

une Théorie neuve et Générale

de la Musique,

Basée sur des Principes incontestables, puisés dans la nature, d'accord avec tous les bons ouvrages-pratiques, anciens ou modernes, et mis, par leur clarté, à la portée de tout le monde;

DÉDIÉ

à Mr. Auguste de Talleyrand,

Chambellan de S. M. l'Empereur et Roi,

PAR

JÉRÔME-JOSEPH DE MOMIGNY.

Prix 24 fr.

A PARIS,

Chez l'Auteur, en son Magasin de Musique, Boulevard Montmartre, No. 20.

1806.

tous les Exemplaires sont signés de l'Auteur.

Ollivaux Scrip.

PLANCHE PREMIÈRE.

Fig. A. Exemple des trois Sons bien reconnus par *Rameau* pour être les seuls produits par la corde qui sonne l'UT le plus grave du Piano.

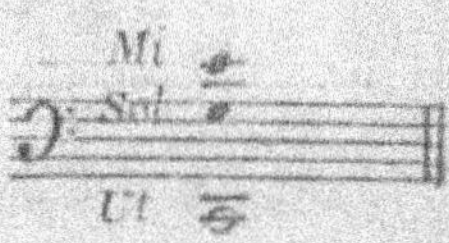

B. La Corde génératrice SOL, résonnant uniquement dans toute sa longueur.

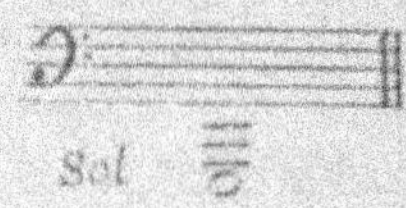

C. Résonnant dans toute sa longueur et dans ses deux moitiés séparément.

D. Résonnant dans toute sa longueur et séparém.t dans ses deux moitiés et dans ses quatre cinquièmes, réunis par deux.

E. Résonnant dans toute sa longueur et séparém.t dans ses 2 moitiés, dans ses 4 cinquièmes réunis par deux, et dans chacun de ses trois tiers.

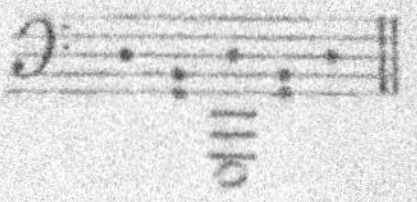

F. Résonnant comme ci-dessus et, de plus, dans ses quatre quarts séparém.t

G. Résonnant comme ci-dessus et, de plus, dans chacun de ses cinquièmes séparément.

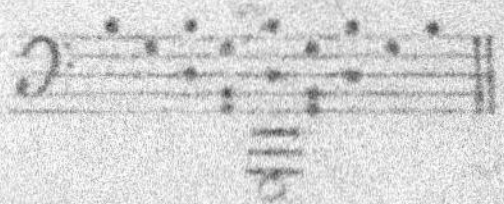

H. Résonnant comme ci-dessus et, en outre, dans chacun de ses sixièmes.

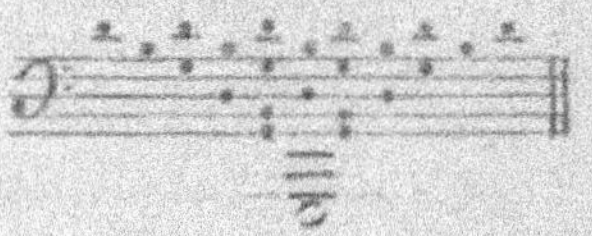

Suite de la PLANCHE PREMIÈRE.

I. Résonnant comme ci-contre et, de plus, dans chacun de ses septièmes.

K. Résonnant comme ci-dessus et dans chacun des huitièmes, de la longueur.

L. Résonnant comme dans l'exemple K et, de plus, dans ses neuf neuvièmes, séparément.

M. Résonnant comme ci-dessus et dans ses dix dixiemes, séparément.

Fig. 5.

N. Résonnant comme ci-devant et dans ses onze onzièmes, séparément.

O. Résonnant comme ci-dessus et dans chacun de ses douze douzièmes, séparément.

P. Résonnant comme ci-dessus et dans chacun de ses treizièmes, séparément.

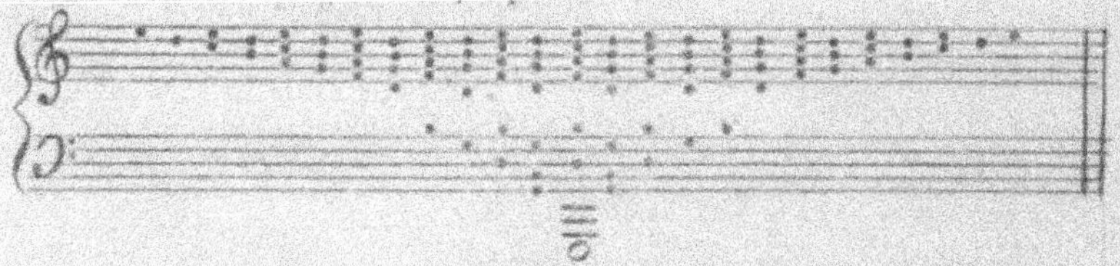

Q. Résonnant comme ci-dessus et dans chacun de ses quatorziemes parties, séparément.

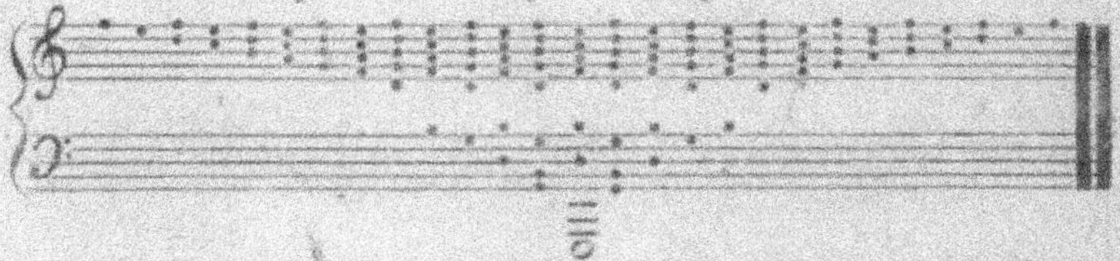

L'Exemple ci-dessus est le *VRAI TYPE* du *SYSTÊME* Musical dans le genre appellé Diatonique, parce qu'il

procède

procède, principalement, par intervalles d'un ton chacun, comme Sol La, La Si, Ut Ré, Ré Mi : *Si Ut* et *Mi Fa* sont deux *Semi-tons*, mais ces deux *Semi-tons* sont eux-mêmes des intervalles Diatoniques.

R. TYPE du SYSTÈME MUSICAL considéré selon l'Harmonie, et abstraction faite des Unissons.

S. Le même TYPE, abstraction faite des Octaves.

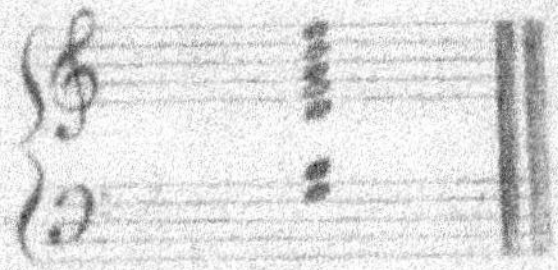

T. TYPE Musical, selon la Mélodie.

U. GAMME des Grecs avec la Basse Fondamentale de RAMEAU.

Fig. V.

V. GAMME des Modernes
avec la Basse Fondamentale
de RAMEAU.

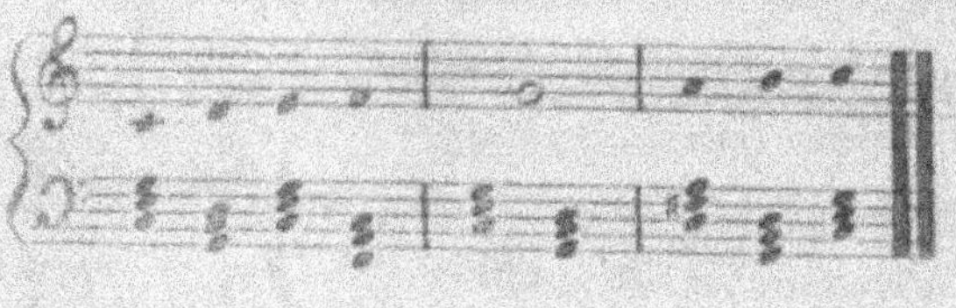

X. GAMME des Grecs

Y. Avec la note ajoutée,
appellée *PROSLAMBANOMENE.*

Z. GAMME de GUI,
avec la note sous ajoutée,
HYPOPROSLAMBANOMÈNE
qu'il a nommée *GAMMA* troisi-
ème lettre de l'Alphabet Grec Γ.

Fin de la Planche 1.ere

Fig. A. Les deux Tetracordes des Grecs, Conjoints par la note MI, qui finit le premier Tetracorde et commence le second.

Fig. B. SÉRIE de Tétracordes, où l'on presente chaque Ton comme ne renfermant que quatre notes.

Fig. C. GENRE DIATONIQUE

Considéré selon l'HARMONIE. | Considéré selon la MÉLODIE.

Dans tous les Tons et dans le Mode Majeur.

Ces sept Notes doivent être entendues, l'une après l'autre.

suite de la
Fig. C

Considéré selon l'HARMONIE.  Considéré selon la MÉLODIE.

Dans tous les Tons et dans le Mode Majeur.

En *FA*, *Majeur*.

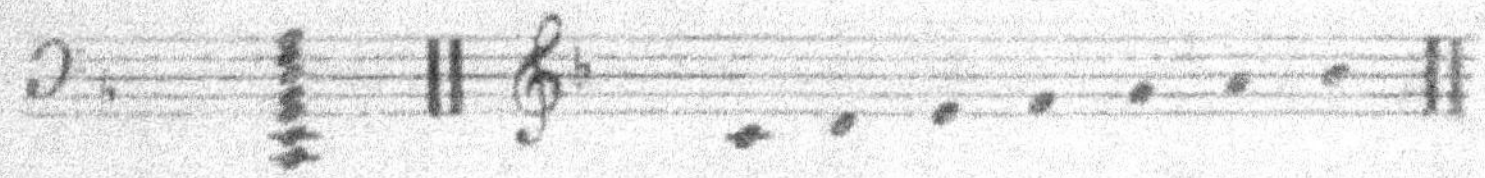

En *SI* ♭, *Majeur*.

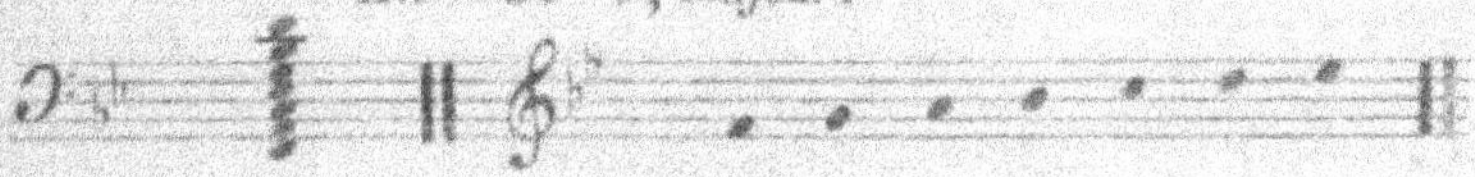

En *MI* ♭, *Majeur*.

En *LA* ♭, *Majeur*.

En *RÉ* ♭, *Majeur*.

En *SOL* ♭, *Majeur*.

En *UT* ♭, *Majeur*.

Fig. D

Fig. D. DÉNOMINATIONS des INTERVALLES.

(1) Quand on dit simplement la Quarte, ou la Quinte, c'est toujours de la Quarte ou de la Quinte juste que l'on parle.

Fig. E.

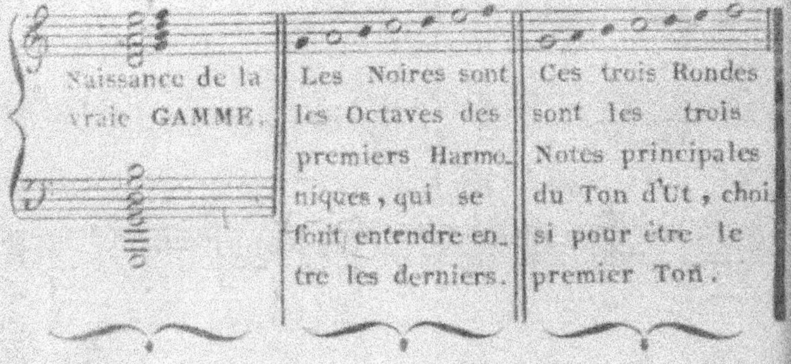

Fig. F.

Fig. F.

Fig. G. GAMME d'UT, en partant d'UT.

Mode Dorien des Grecs

Idem, en partant de RÉ.

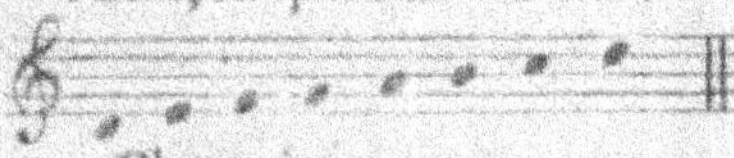

Phrygien

Idem, en partant de MI.

Lydien

Idem, en partant de FA.

Myso-Lydien

Idem, en partant de SOL.

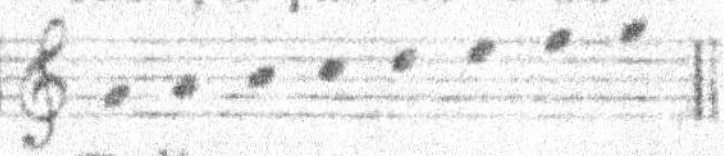

Æolien

Idem, en partant de LA.

Ionien

Idem, en partant de SI.

Hyper-Ionien

Fig. H.

Fig. H.

Modes Authentiques, ou Principaux.	Modes Plagaux, ou Secondaires.

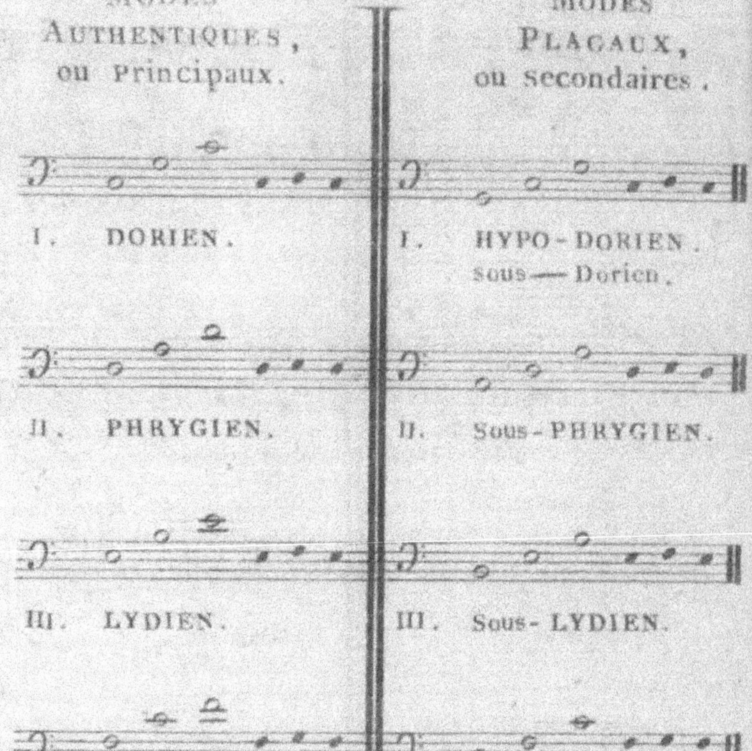

suite de la
Fig. H.

MODES
AUTHENTIQUES,
ou Principaux.

VI. IONIEN.

VII. HYPER-IONIEN
Sur-Ionien.

Le Septième Mode Authentique n'était point usité à cause de la Fausse Quinte *Si Fa*.

MODES
PLAGAUX,
ou Secondaires.

VI. Sous-IONIEN.

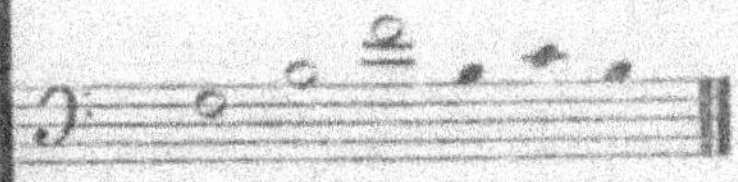

VII. Sous le Sur-IONIEN.

Le Septième Mode Plagaux n'était point usité à cause du Triton *Fa Si*.

Fin de la PLANCHE 2e.

Planche 3e. ..

La MÉLODIE marche élémentairement
par Secondes.

A.

L'HARMONIE marche élémentairement
par Tierces.

B.

Les OCTAVES ne sont pas des Notes différentes,
mais des Sons différens.

C.

Les Sept Notes du TON d'UT Majeur comparées à SOL.

D.

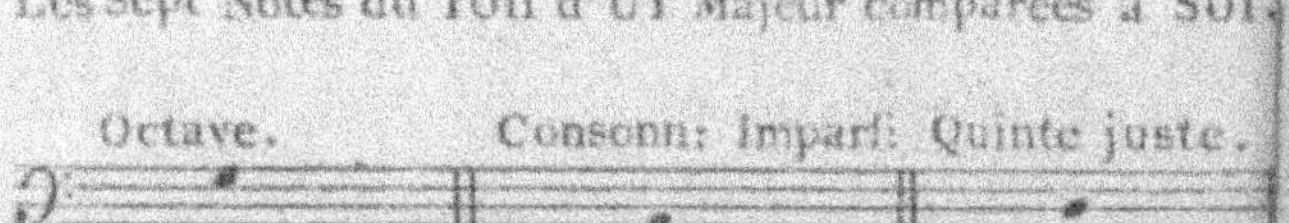

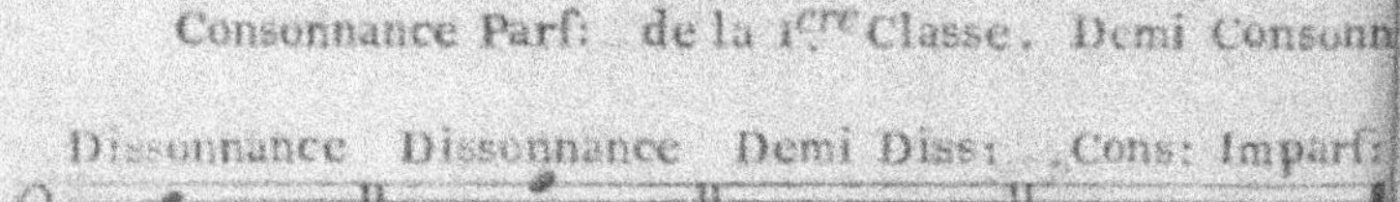

Les Sept Notes du TON d'UT Maj. comparées à Si.

E. Fausse Quinte. Dissonn: Dissonn:

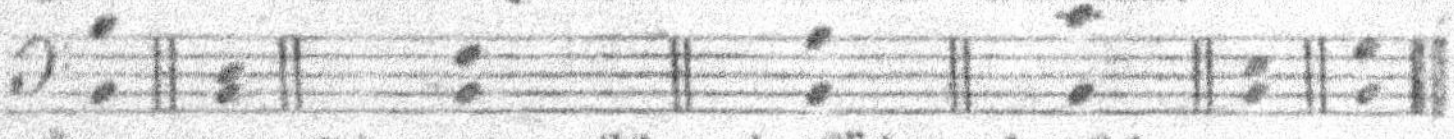

Disson: sensible. du 1er deg: du 3e deg:

Les mêmes, comparées à Ré.

F. Cons: Imp:

2e. Classe.

Les mêmes, comparées à Fa.

G. Dissonn: Diss: Sens:

du 4e deg: renversée.

Les mêmes, comparées à La.

H.

Les mêmes, comparées à Ut.

I.

Les mêmes, comparées à Mi.

K.

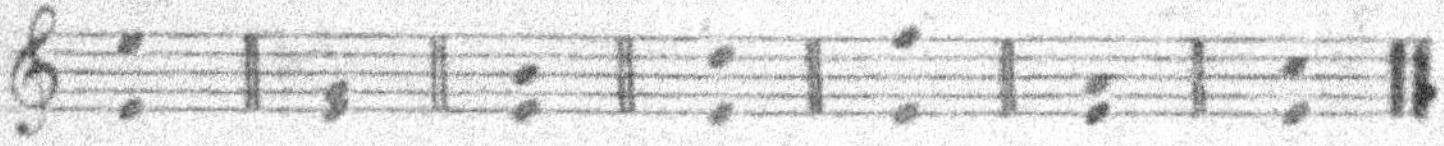

Fig. L.

Fig. L.

TABLEAU des CONSONNANCES
dans le Genre Diatonique
et dans le TON d'UT, Mode Majeur.

Consonnances Parfaites.

Octaves.

Consonnances Imparfaites de la 1.ère Classe.

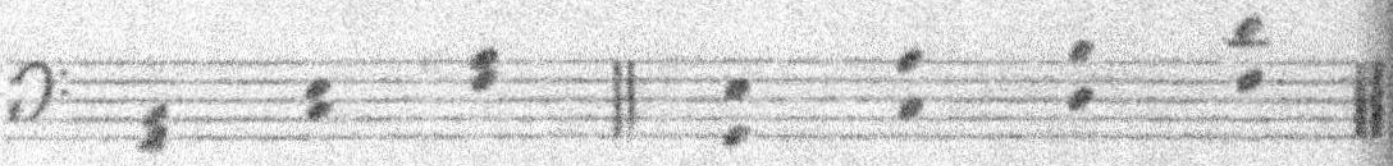

Tierces Majeures. *Sixtes Majeures.*

Consonnances Imparfaites de la 2.me Classe.

Tierces Mineures. *Sixtes Mineures.*

Demi - Consonnances.

Quintes Justes.

Fig. M...

Fig. M.

TABLEAU des DISSONNANCES.

Demi-Dissonnances.

Quartes Justes.

Dissonnance Sensible. Dissonnance Sensible.

Renversée.

Dissonn: du 1.er degré. Dissonn: du 2.me degré.

Septièmes Mineures *Neuvième Majeures*

Dissonn: du 3.e degré. Dissonn: du 4.e degré.

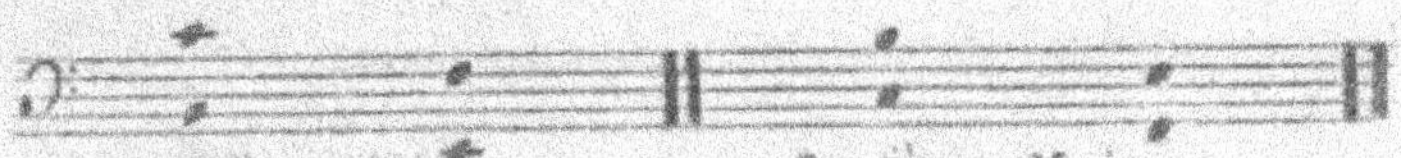

Neuvièmes Mineures. *Septièmes Majeures.*

7.mes Min; et 9.mes Maj: 7.mes Maj: et 9.mes Min:

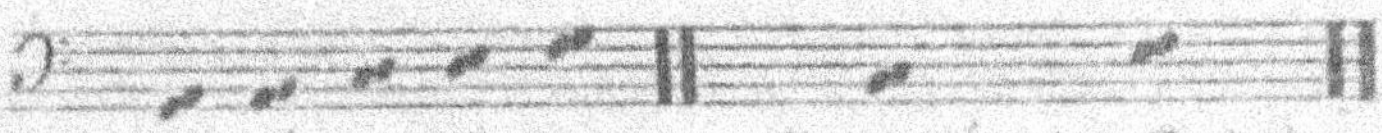

Renversées et en Contact. *Renversées et en Contact.*

Planche 4e.

Fig. A. 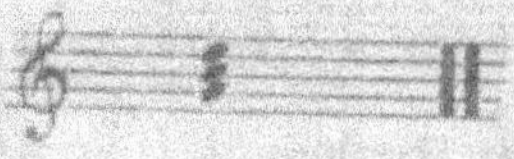 Fig. B.  Fig. C. 

Il y a dans chaque Ton sept Accords dont chacun est composé de deux Tierces.

Fig. D. 

Fig. E. Accords Parfaits Majeurs. 

Fig. F. Accords Parfaits Mineurs. 

Diatonique et Sensible.

Fig. G. Accord Imparfait. 

Il y a sept Accords de Septièmes composés chacun de trois Tierces.

Fig. H. 

Il y a pareillement sept Accords de Neuvièmes, composés de 4 Tierces.

Fig. I. 

Fin de la Planche 4e.

PLANCHE 5e.

Fig. A. Accords dans l'ordre Générateur et Fondamental.

Premiers renversem^s directs ou 2e face de chaque Accord de deux Tierces ci-dessus.

2mes renversemens directs ou 3e face de chaque Accord de deux Tierces.

Fig. B.

1ère Face Directe.

2e. Face Directe.

3e. Face Directe.

4e. Face Directe.

Fig. C.

Fig. D.

Fig. E.

Fig. E.

Type Musical établi sur une prétendue Tonique en UT.

Fig. F.

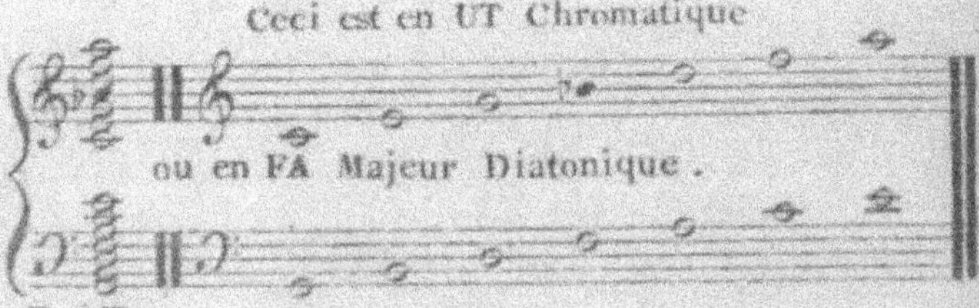

Vrai Type. En UT Majeur.

Planche 6e.

CADENCES ou Propositions Musicales formées de deux Accords Consonnans.

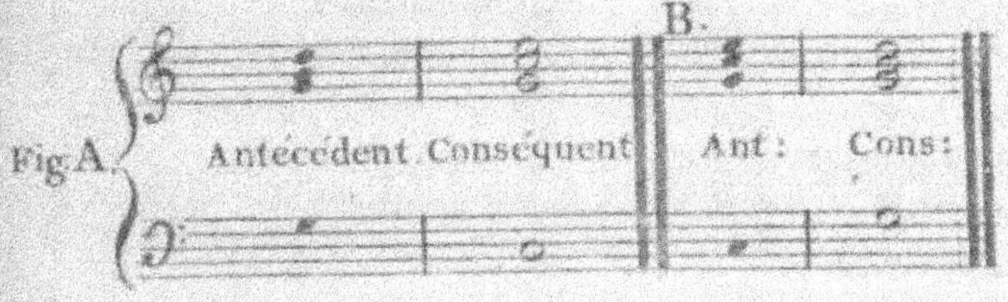

CADENCES ou Propositions Musicales formées par un Accord Dissonnant et un Accord Consonnant.

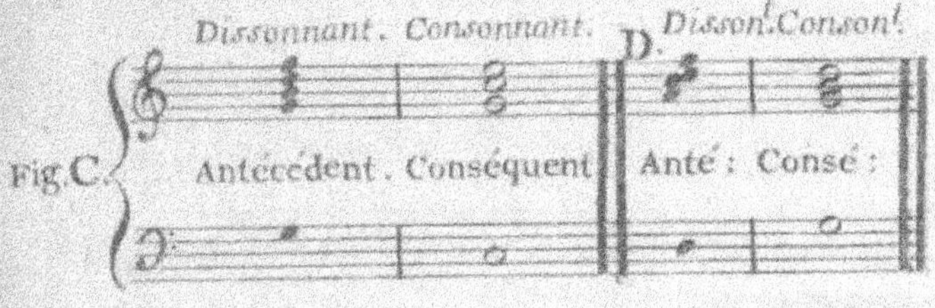

LES SEPT CADENCES en UT Majeur

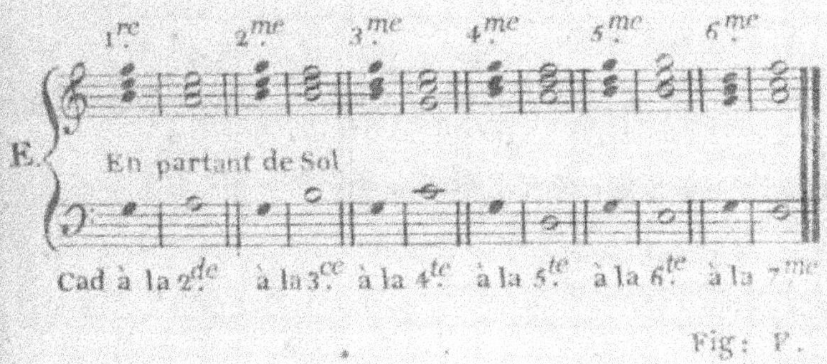

Fig: F.

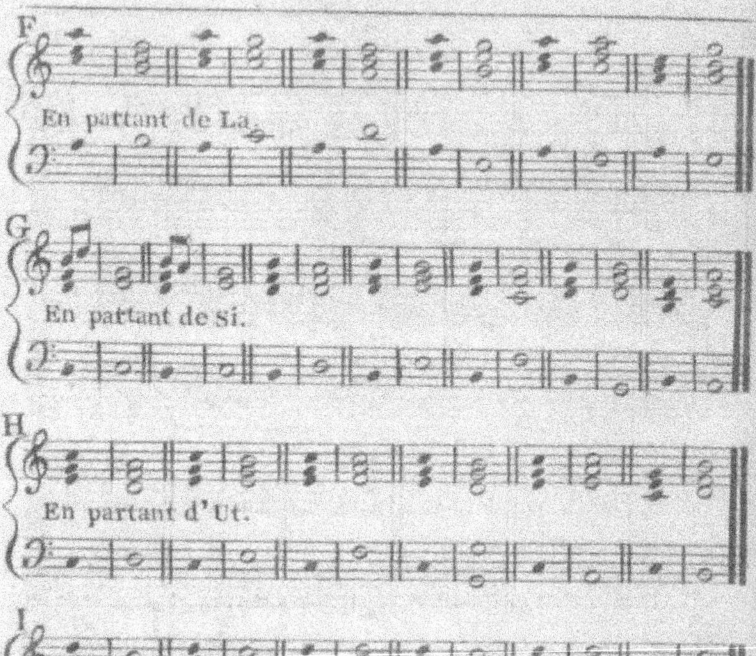
F
En partant de La.
G
En partant de Si.
H
En partant d'Ut.
I
En partant de Ré.
K
En partant de Mi.
L
En partant de Fa.

Planche 7. Les Sept CADENCES, à la Seconde.

Fig: A.

Les Sept CADENCES renversées.

PLANCHE HUITIEME.

Planche 8.
Fig. A.

Planche 9. Fig. A. Les Sept CADENCES ayant la Septieme de Dominante pour Antecedent.

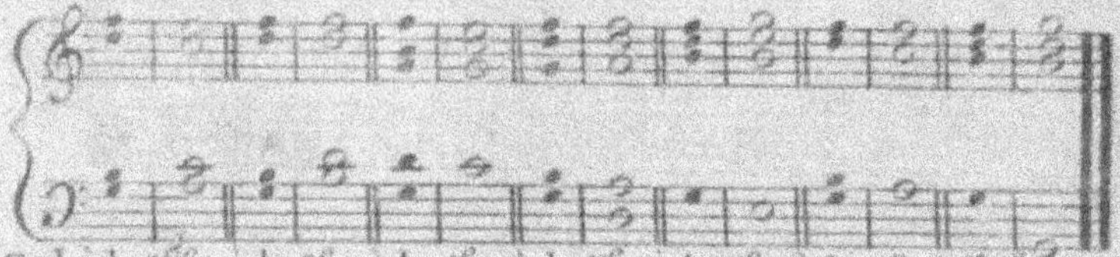

Les Sept CADENCES ayant l'Accord de Septieme de la 6e note pour Antecedent.

B

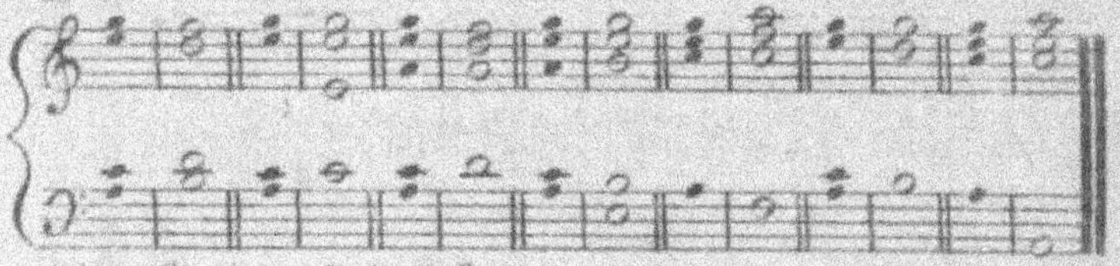

C

D

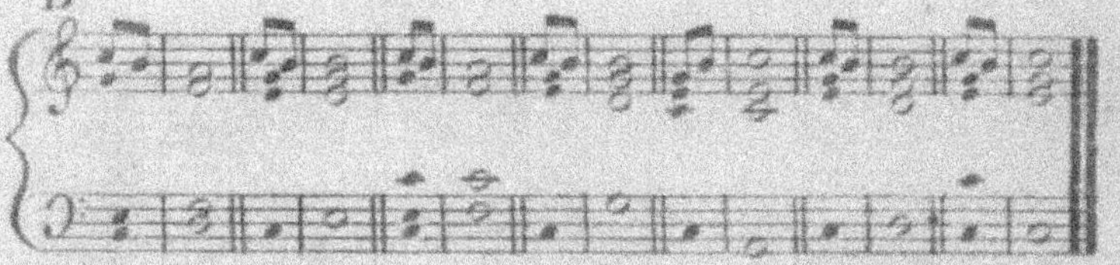

E.

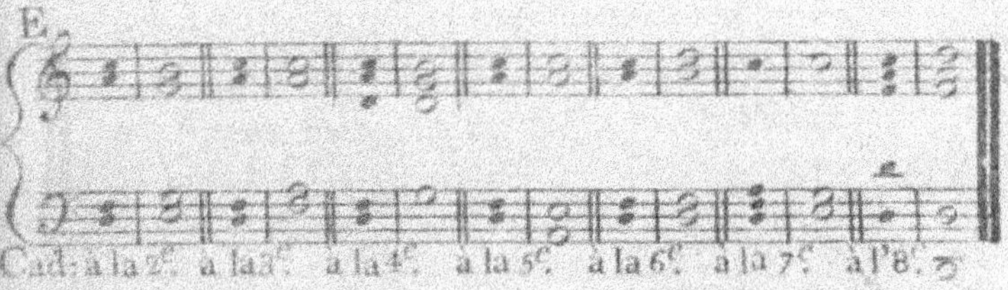

F.

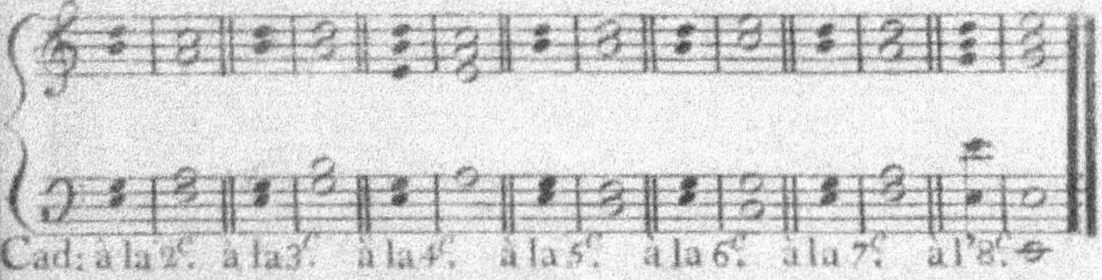

G.

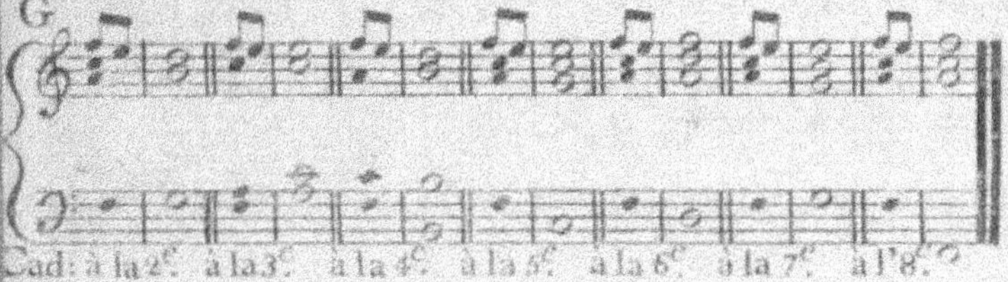

PLANCHE DIXIÈME.

A.

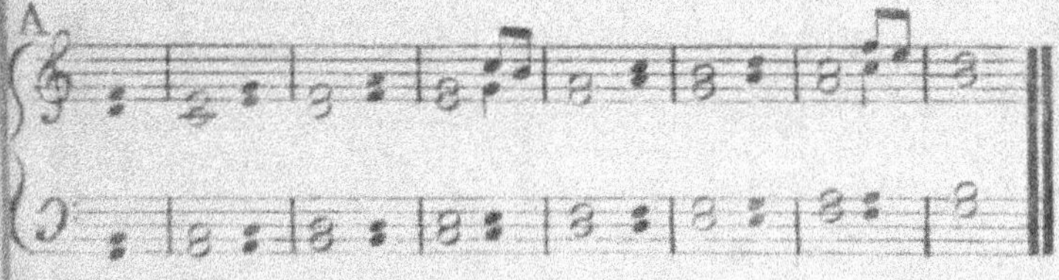

B.

C
D
E
F
G

Planche 11.

Des ACCORDS de Neuvième.

D
+
E
F

G
H
A A C
I
A A C
K
A C A C
L
M

Planche 12.

A

CADENCES évitées.

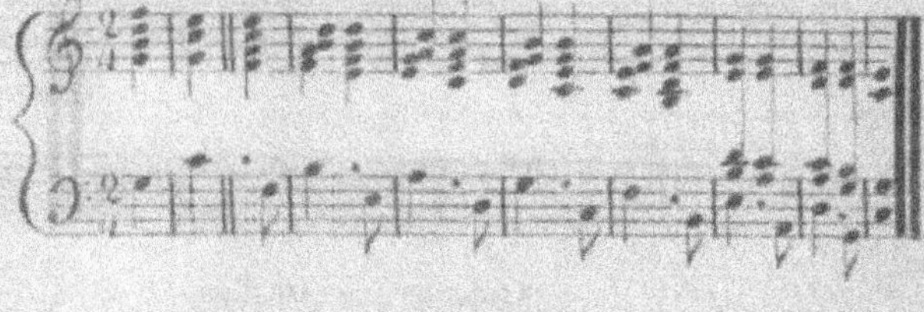

B

C

Cadences retardées.

D

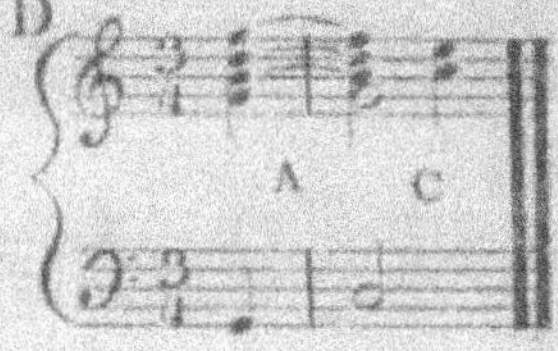

E F

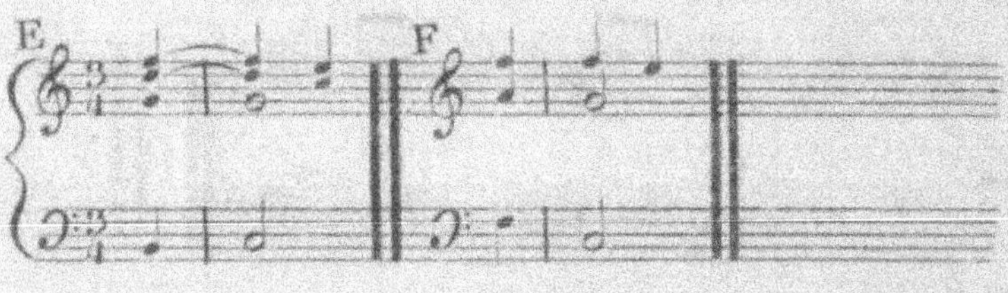

G

Cadences où la Tierce est suspendue.

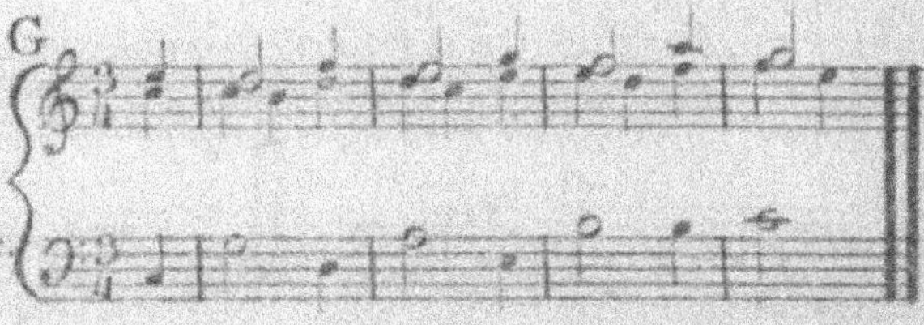

H

Cadences où l'Octave est suspendue.

I

Octave suspendue.

K

Cadences où la Quinte est suspendue.

L

Sixtes suspendues.

M

N

→ Fig. O

O

PLANCHE TREIZIÈME.

Cadences HARMONIQUES.

Cadences MÉLODIQUES.

D

Cadences HARMONOMÉLODIQUES.

Cadences RHYTHMIQUES.

PLANCHE QUATORZIÈME.

Harmoniques écrits sans mesure.

A 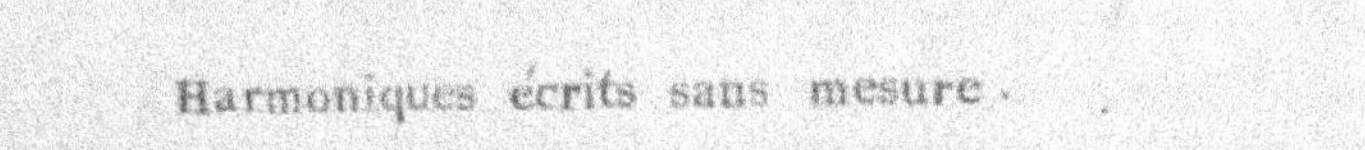

En Ut

Harmoniques écrits en mesure.

Allegretto moderato.

B 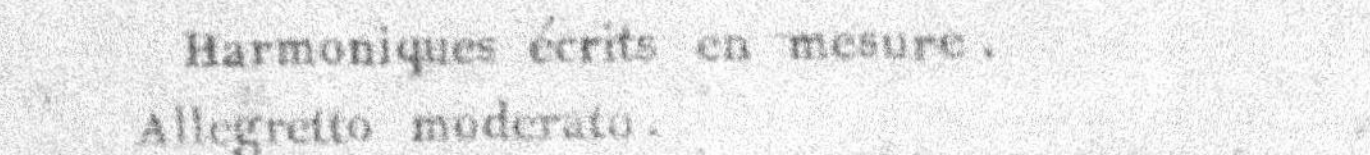

En Fa

Du Genre primitif, Harmonique et Mélodique pris dans toute l'étendue d'une Corde génératrice, nommée SOL.

C 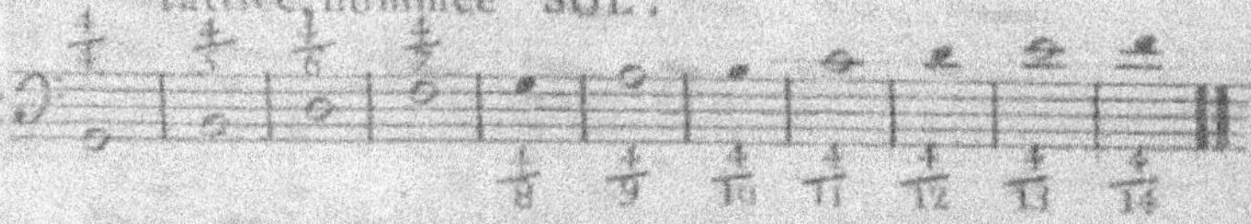

Du même Genre pris dans la moitié de l'étendue de la même Corde génératrice.

D 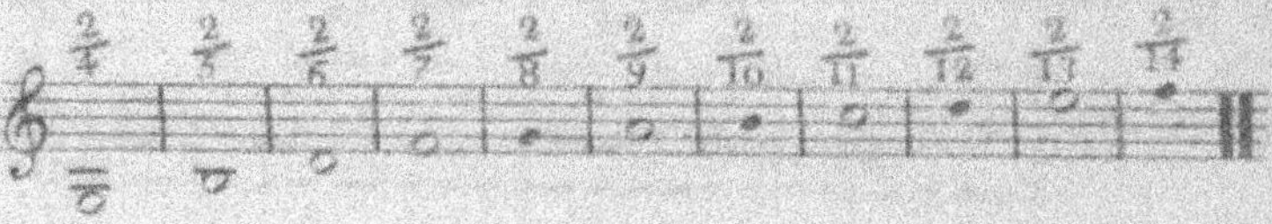

Le même pris dans le quart de l'étendue de la même Corde sonore.

E 

F 

G  H 

I 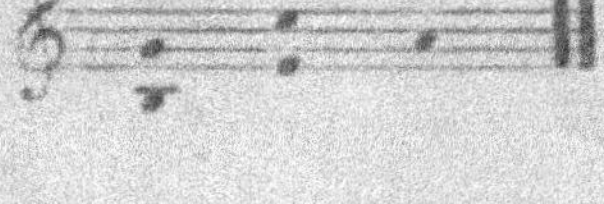 K 

Planch 15.

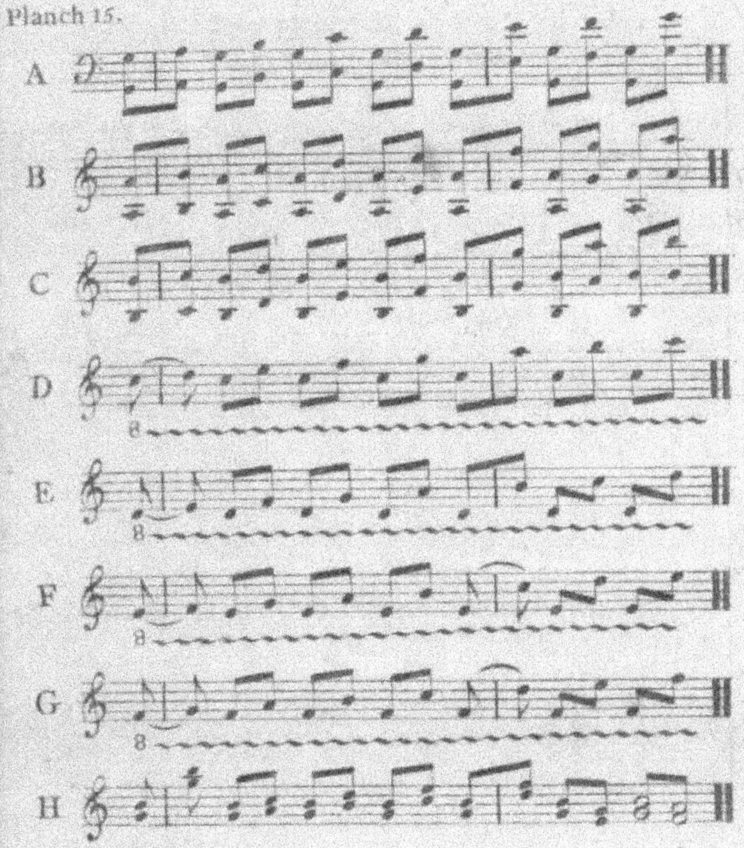

N.B. Il faut considérer ces exemples et la plupart de ceux qui ont précédés et qui suivront comme un Dictionnaire où les mots seraient rangés par ordre de matière : ce sont des matériaux tout prêts à être employés, des pierres taillées pour un edifice qui est à former.

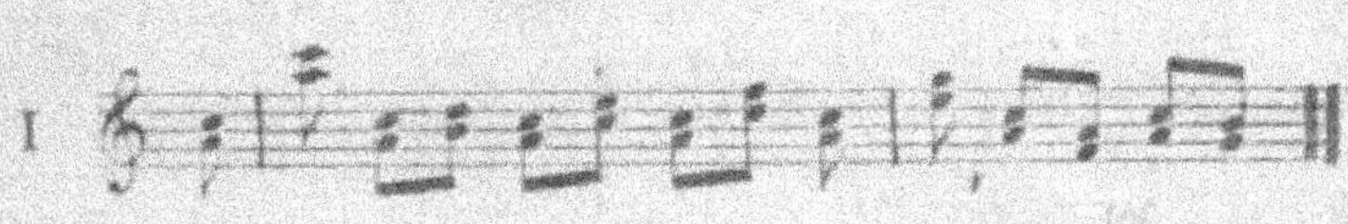

J
K
L
M
N
O
P
Q
R
S
T
U

Planche 16e.

Echelle représentant le Clavier à 4 Septenaires, au moyen de deux Clefs.

𝄢 sur la 4e. 𝄡 sur la première.

La même au moyen de toutes les Clefs.

Echelle représentant le Clavier à 5 Septenaires sur deux Clefs 𝄢 𝄞.

Equivalent écrit sur une seule Clef.

Etendue ordinaire des VOIX,
vrai diapason de chacune.

Figure E.

Basse de Basse.

Dessus de Basse.

Basse de Taille.

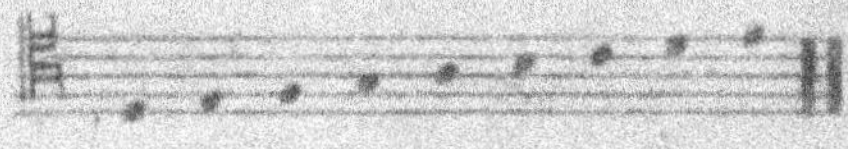

Dessus de Taille.

Basse de Bas-Dessus.

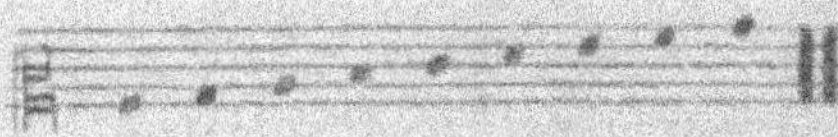

Dessus de Bas-Dessus.

Basse de Haut-Dessus.

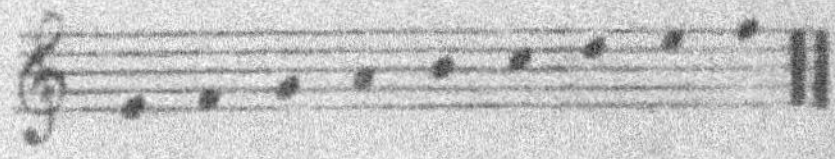

Dessus de Haut-Dessus.

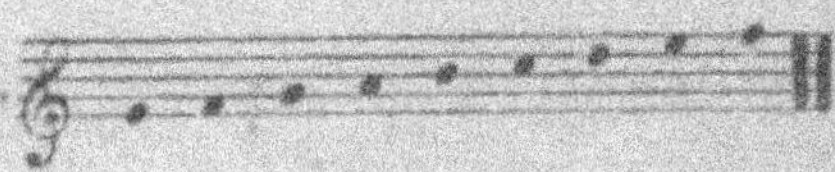

Figure F. PARTITION.

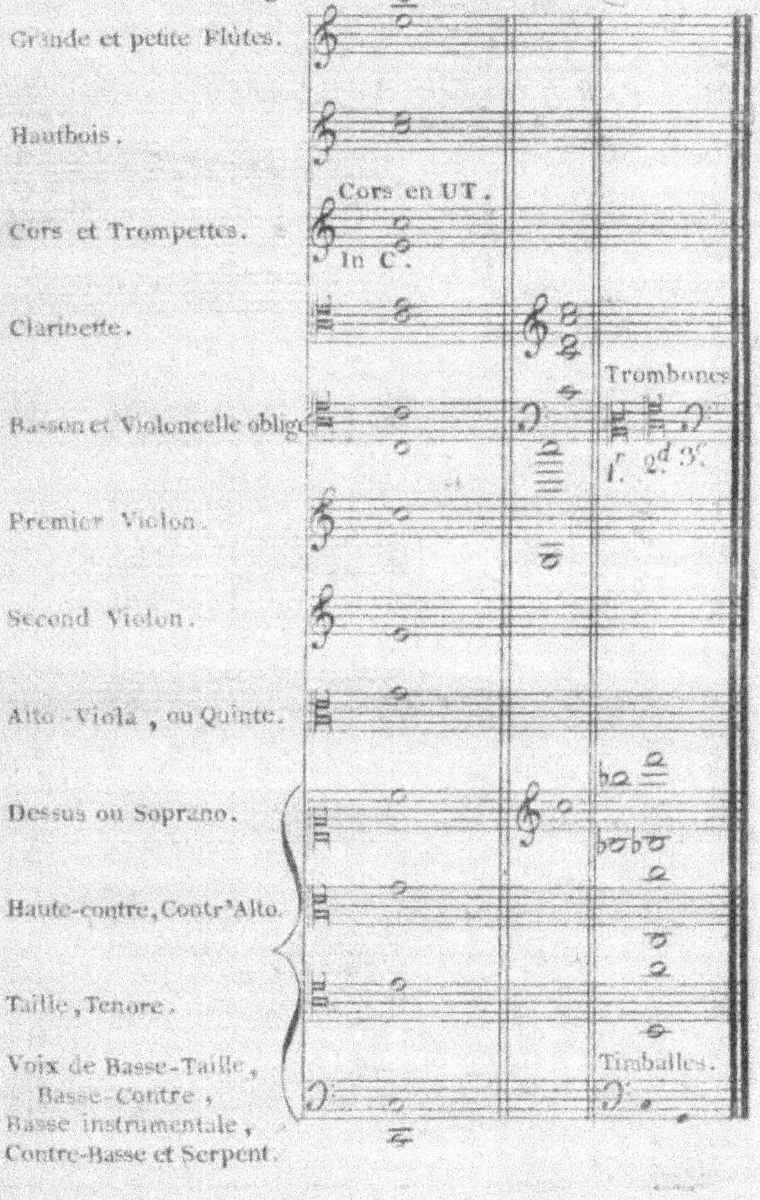

Clavier général moderne à sept Septenaires.

Fig. G.

H.

I.

K.

L.

M.

N.

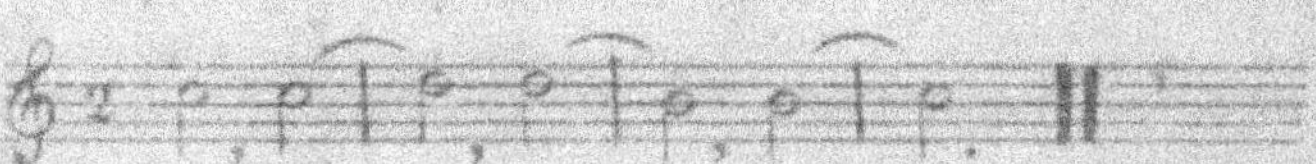

O.

P.

Figure Q.

Mesure à deux deuxiemes de la Ronde.

Mesure à trois deuxièmes. *Peu usité.*

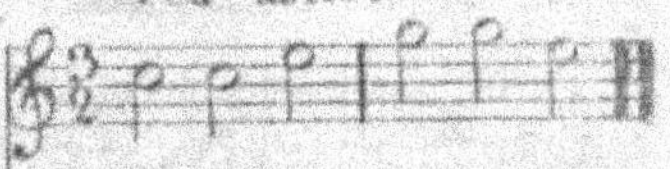

Mesures à Trois Tems.

à deux quarts.

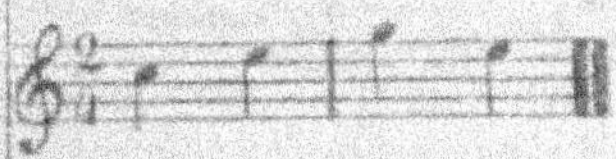

à trois quarts.

à quatre quarts.

à trois huitiemes.

Synonime de $\frac{6}{8}$.

à six quarts.

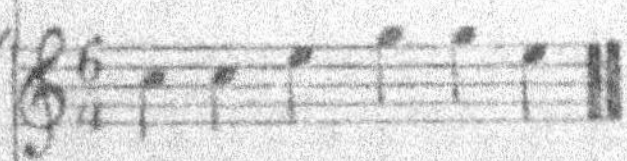

3 Tems Double.

à six huitiemes..

à neuf quarts.

3T. Triple.

à neuf huitiemes.

à douze quarts.

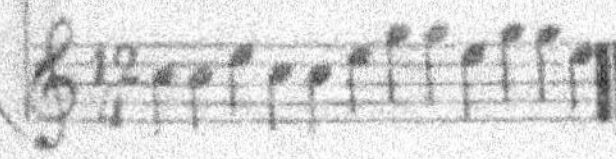

3T. Quadruple.

à douze huitiemes.

Mesures Anciennes.

Planche 17.

A 

B 

C 

Des trois especes de Mouvem.ts des Parties l'une à l'égard de l'autre.

D 

Première leçon du Gradus ad Parnassum de Joseph Fux.

G 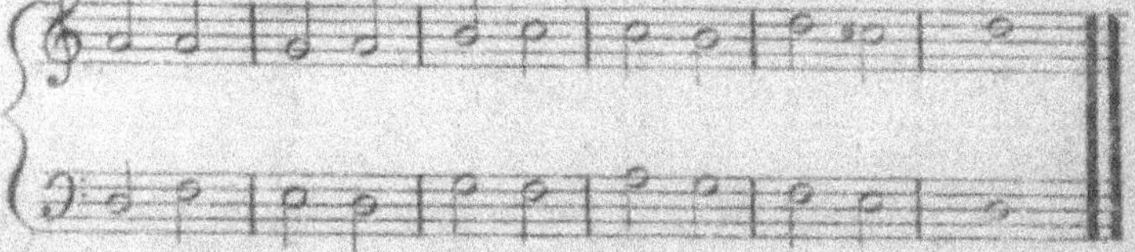

Détestable, même en Ut, mais en Ré !

H 

I 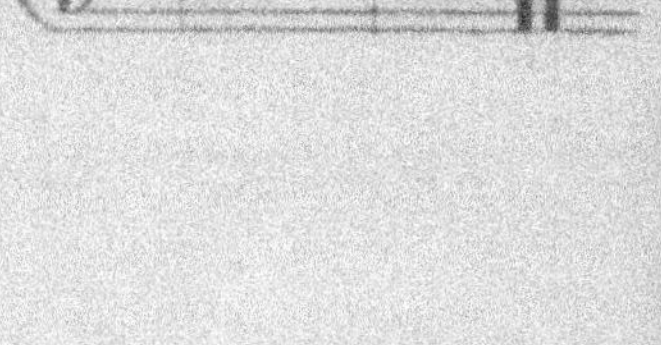

K
L
M
N
Tierces
O
Sixtes
P
Q

R

Ellypse.
Sans ellypse.

S

1
2
Ellypse.
Sans ellypse.
ou.

T
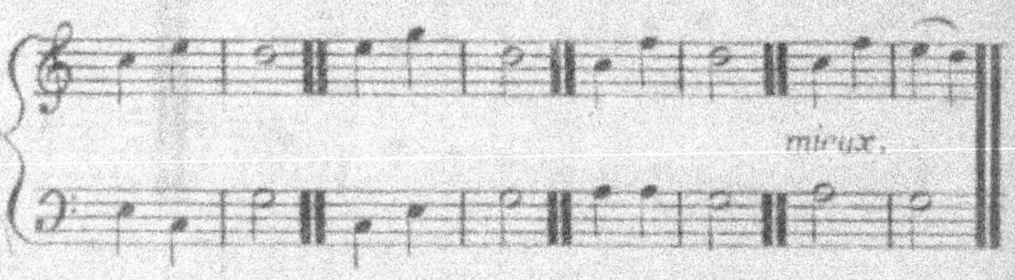
mieux.

U

Quinte préparée par la Tierce.

V
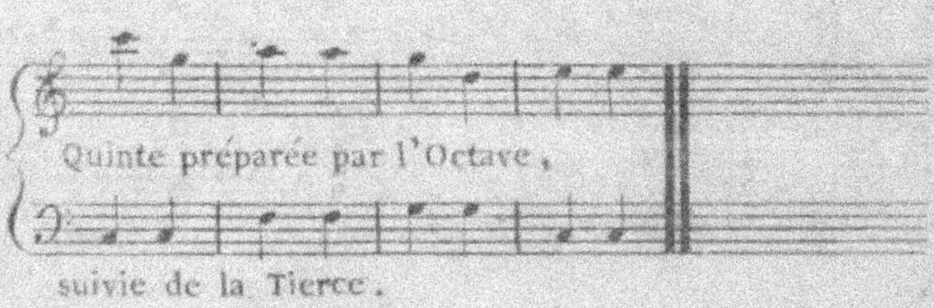
Quinte préparée par l'Octave,
suivie de la Tierce.

Tierce precédant l'Octave, Quinte suivie de la Tierce.

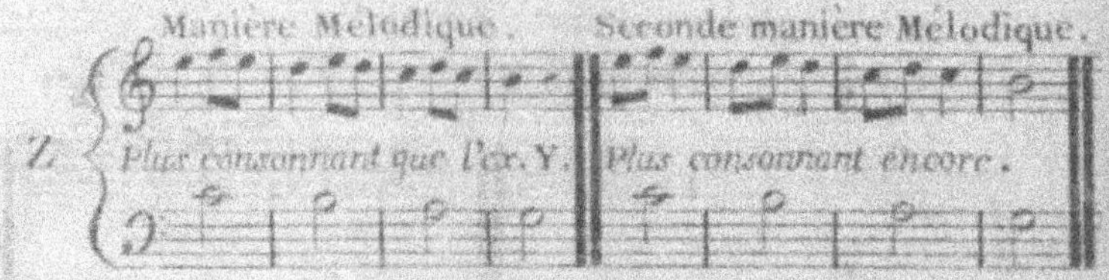

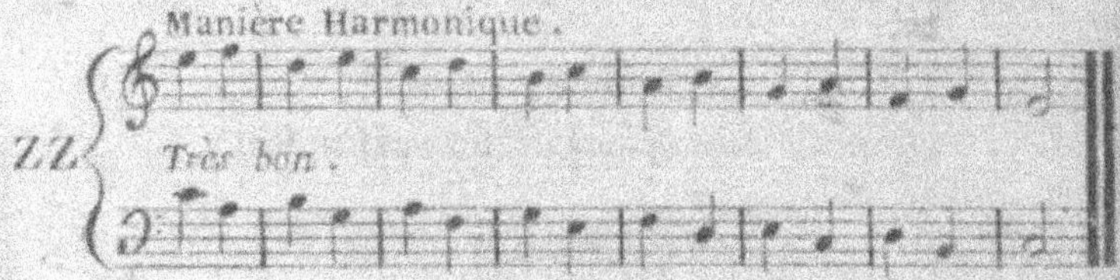

PLANCHE DIXHUITIEME.

Intervalles harmoniques de la 1.re espece.

Planche 19.

Contre-Point double

Note pour Note.

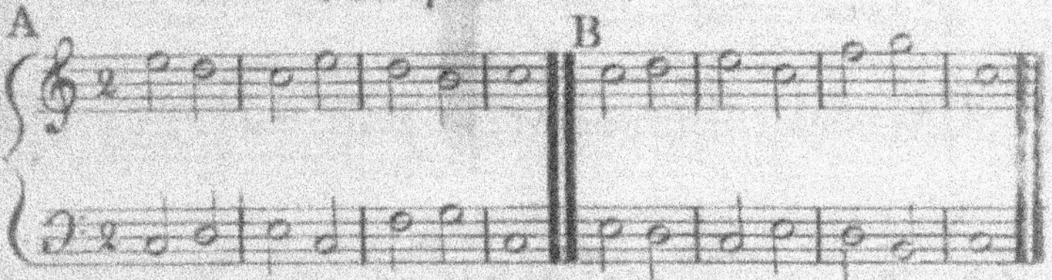

Contre-Point double

avec des Syncopes qui suspendent.

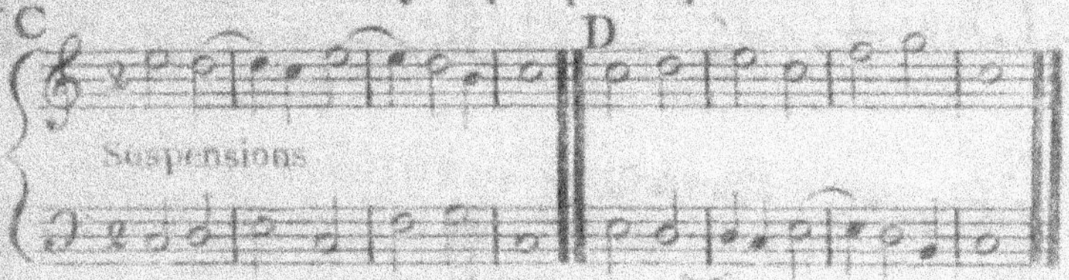

Syncopes qui Anticipent.

Syncopes Consonnantes.

I
K
Bon
L
M
N
O
P
Q
R

Planche 20.
A
B
Allegro
Mauvais
C
Lentement
D

F
Mauvais
Lentement
F
Bon
G
H
I

Contraire à l'unité.

P
Bon
Q
R
S

Plus Consonnant.

Planche 21.

A trois Notes pour une.

D

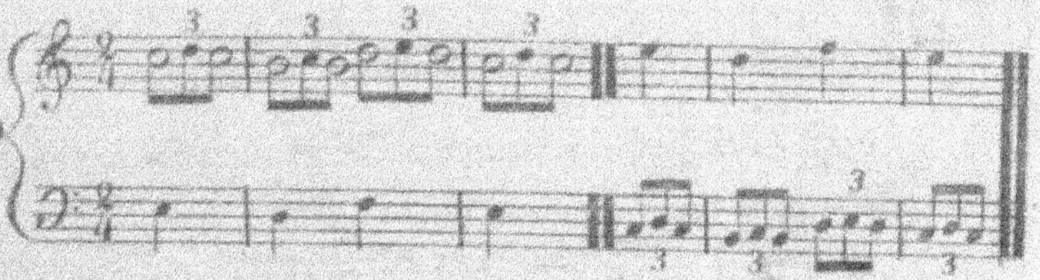

E

F

A quatre Notes pour une.

G

H

I
J
K
L

A cinq Notes pour une.

A six Notes pour une.

Q
R
S
T
U

PLANCHE VINGTDEUXIEME.

Gamme Chromatique selon l'Harmonie.

A 

Gamme Chromatique donnée par le Corps sonnore à la suite de la Gamme Diatonique.

B 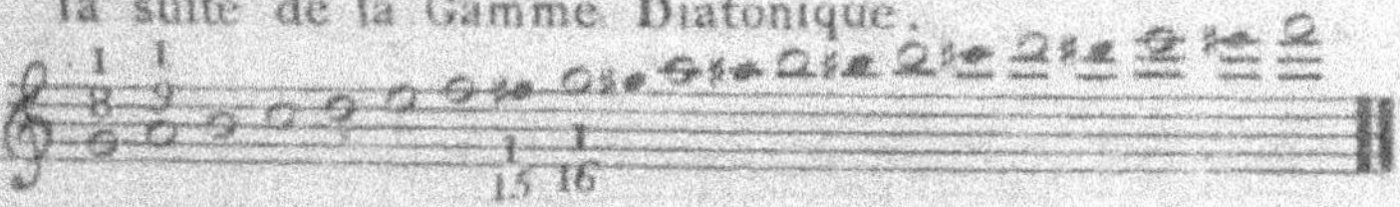

Gamme Chromatique vulgaire, en UT Majeur, en montant et en descendant.

C 

Vraie Gamme Chromatique ascendante et

...descendante dans tous les Tons Majeurs.

Suite de la PLANCHE 22e.

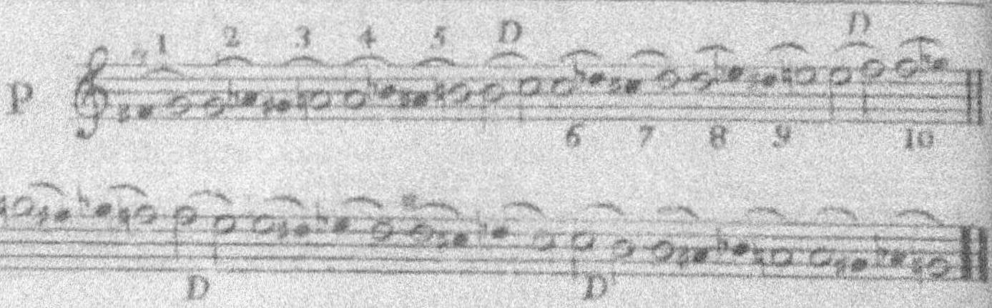

CADENCES à la Seconde, en montant.

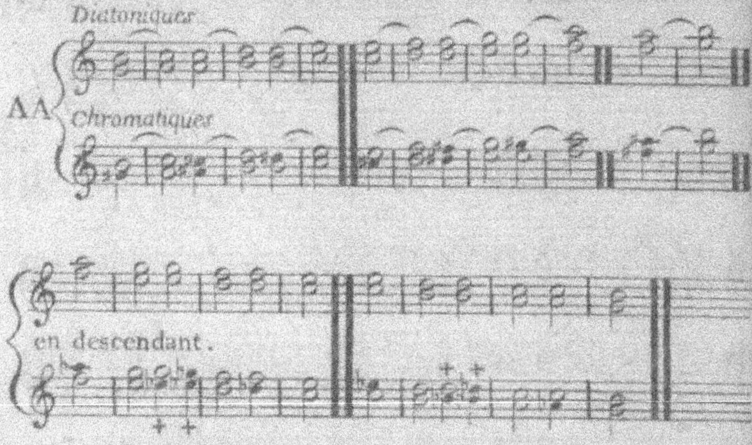

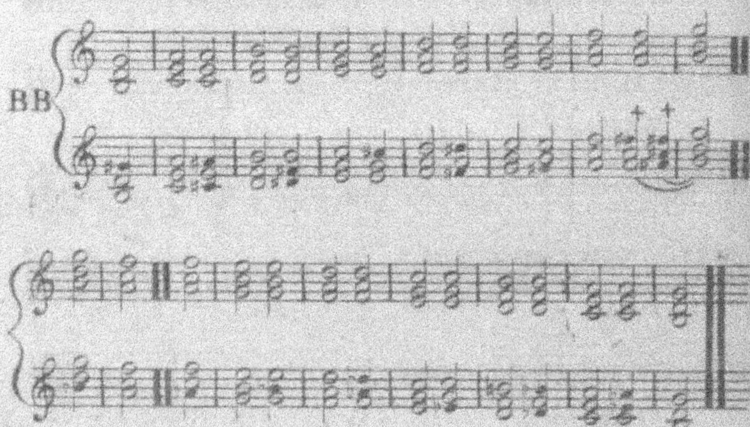

CADENCES Chromatiques, à la Quarte.

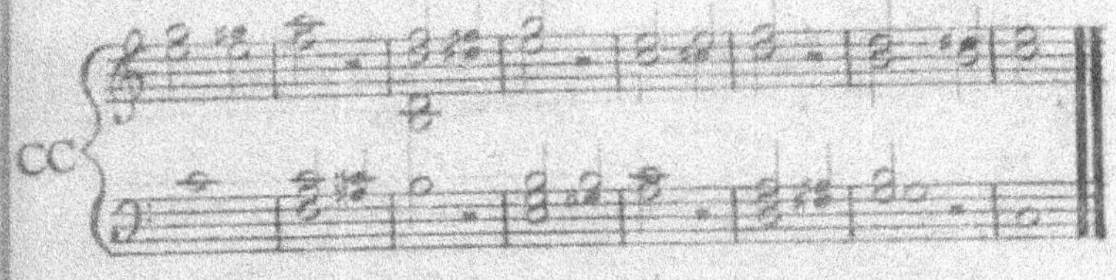

CADENCES Chromatiques, à la Quinte.

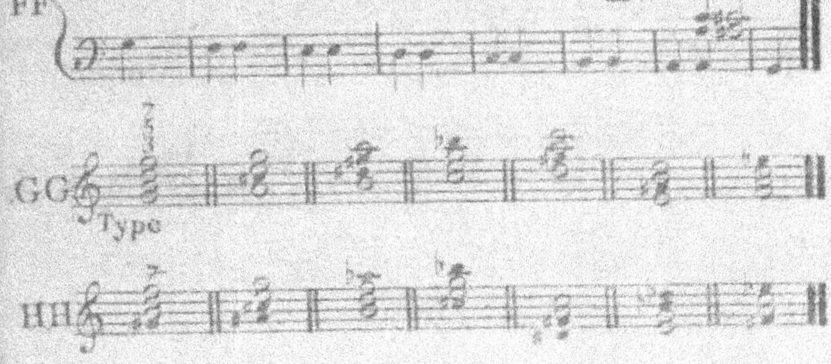

II
JJ
KK
LL
MM
NN
OO
PP
QQ
RR
Type
Type
Type
Type
Type
Type

PLANCHE VINGT-TROISIÈME.

Vraie Gamme Mineure.

Gamme Mineure vulgaire. en descendant.

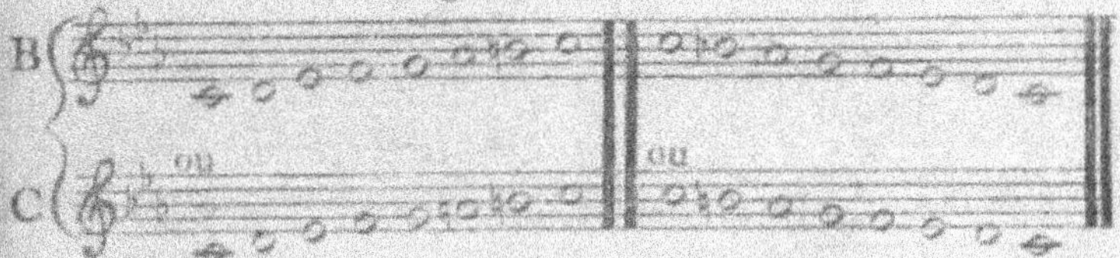

SYSTÈME de TARTINI

ACCORDS du Mode Mineur, *En UT*.

Accords composés d'une seule Tierce.

F 

Accords composés fondamentalement de deux Tierces, nommés Parfaits ou Imparfaits.

G 

Accords de trois Tierces, ou de Septième.

H 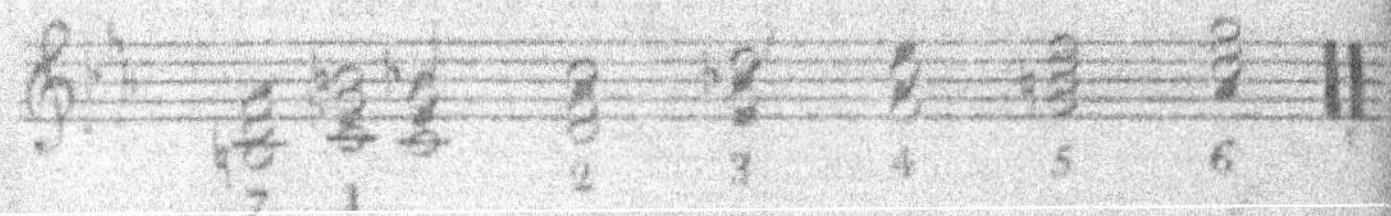

CADENCES à la Seconde.

I 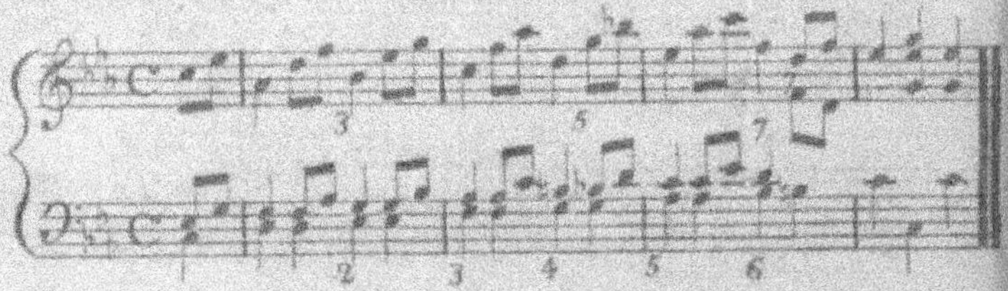

CADENCES à la Tierce.

K 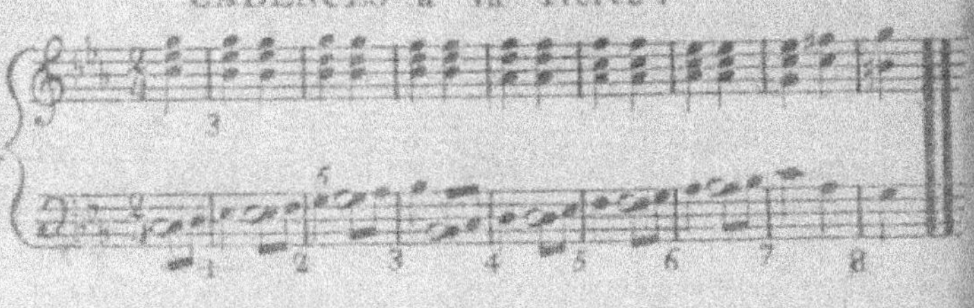

CADENCE PARFAITE et imitations d'icelle à la Quarte.

L

CADENCES à la Quinte.

M

CADENCES à la Sixte.

N

CADENCES à la Septième.

O

Les sept CADENCES, à la Seconde, ayant pour antécédent un Accord de Septième.

P

CADENCES à la Tierce.

Q
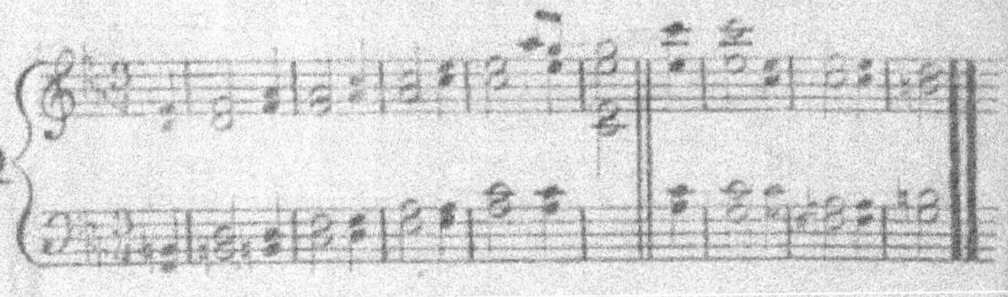

CADENCES à la Quarte.

R
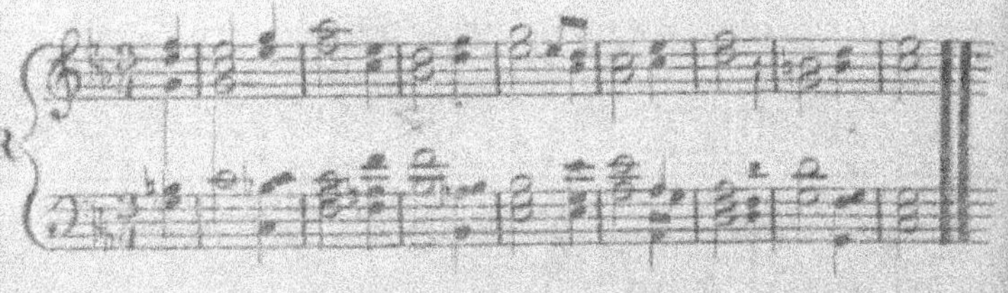

CADENCES à la Quinte.

S
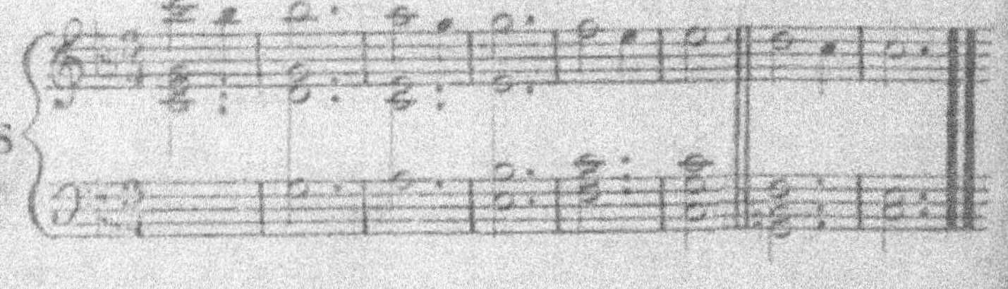

CADENCES à la Sixte,
dont l'antécédent est un Accord de Septième.

T

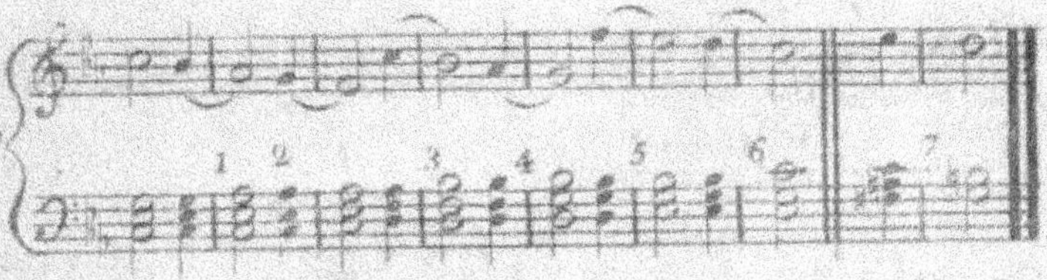

CADENCES à la Septième.

U

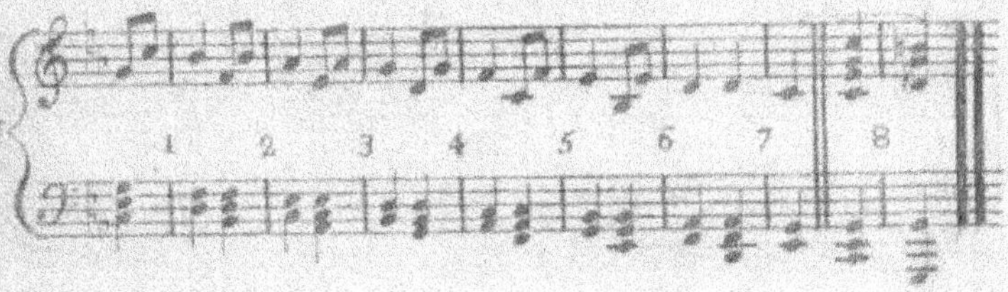

TABLE DES INTERVALLES
admissibles en Harmonie.

V

TABLE DES INTERVALLES
admissibles en Mélodie.

Gamme Mineure Chromatique complette.

Planche 24. TABLEAU des ACCORDS Diatoniques, en Ut mineur, avec leurs modifications chromatiques.

Tierces Majeures.

A 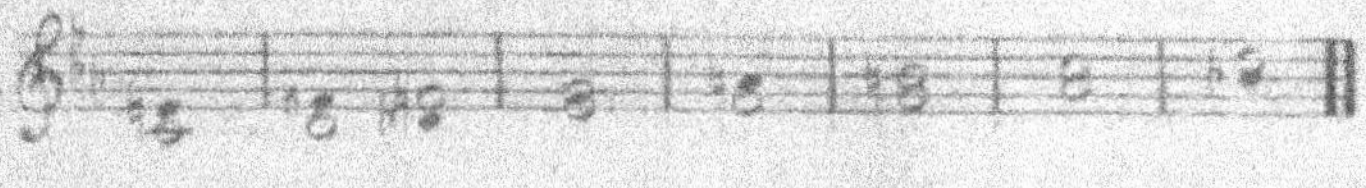

Tierces Mineures.

B 

Sixtes Mineures.

C 

Sixtes Majeures.

D 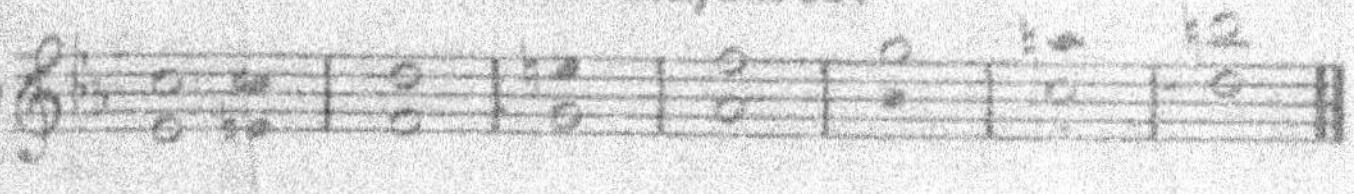

Quintes justes.

E 

Fausses Quintes.

F 

Tritons.

G 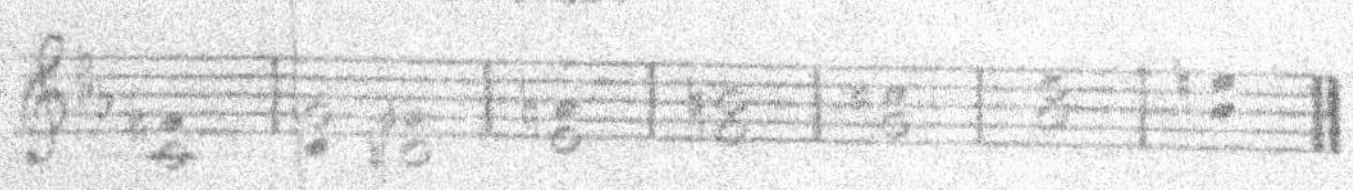

Sixtes superflues.

H 

Septièmes diminuées.

I 

Accords parfaits Majeurs.

K 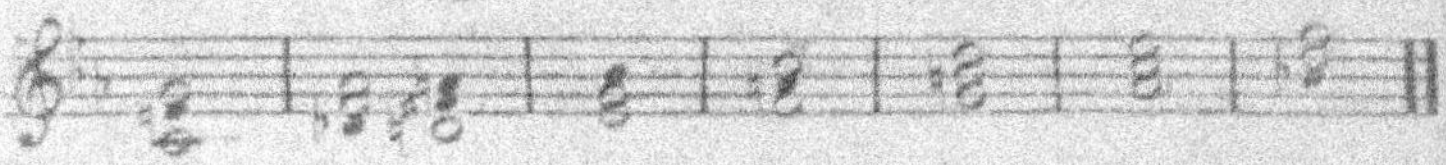

Accords parfaits Mineurs.

L 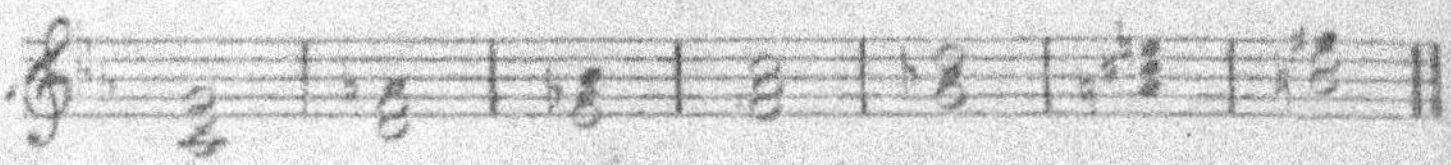

Accords imparfaits.

M 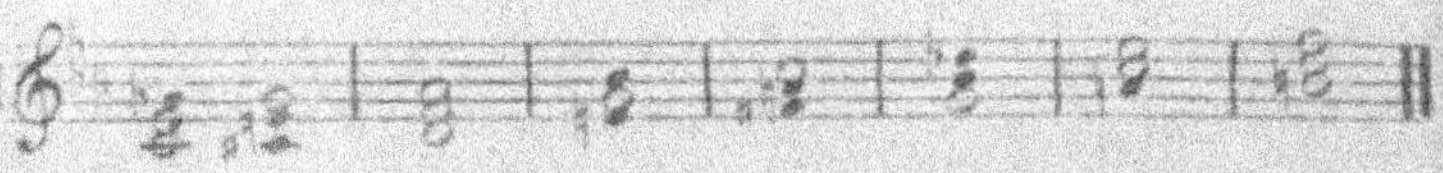

Accords de Tierce Majeure et Sixte superflue.

N 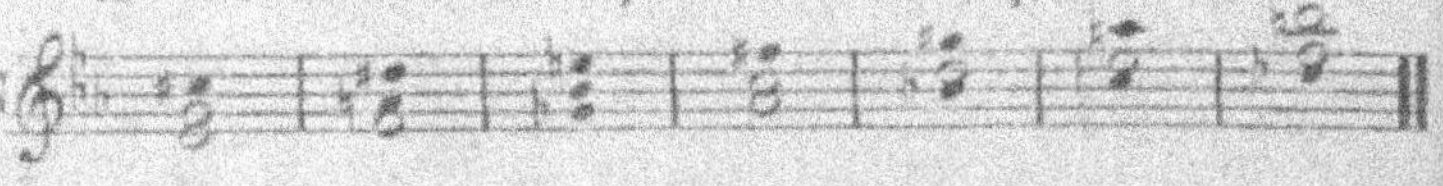

Accords parfaits Majeurs et Septième Mineure.

O 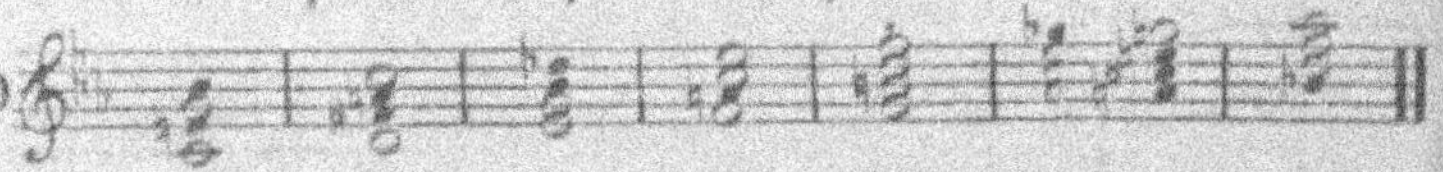

Accords imparfaits et Septième Diminuée.

P 

Accords parfaits Mineurs et Septième Mineure.

Q 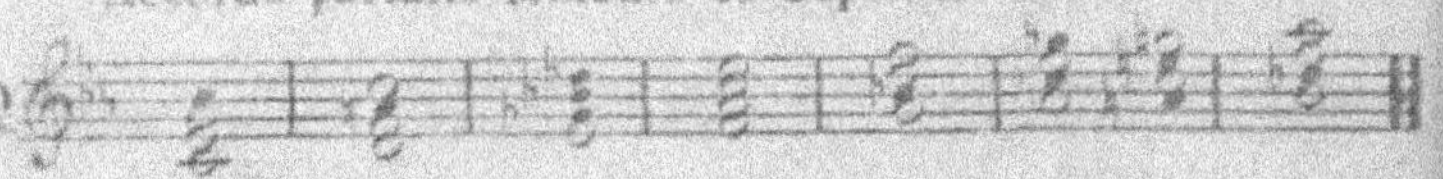

Accords imparfaits et Septième Mineure.

Accords parfaits Majeurs et Sixte superflue.

Accords de Triton et Sixte superflue.

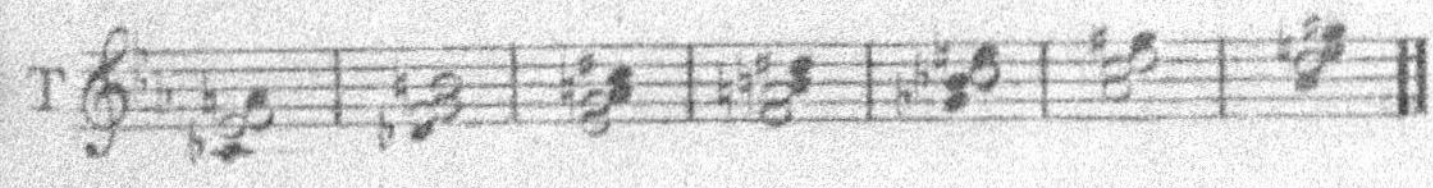

PLANCHE VINGT-CINQUIÈME.*

Fig: I.

Une Seconde Mineure
est composée d'un demi Ton ....

Une Seconde Majeure
est composée d'un Ton ....

Une Seconde Superflue
est composée d'un Ton et demi..........................

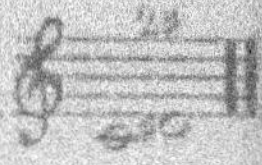

Une Tierce Diminuée
est composée de deux Semi-Tons..........................

Une Tierce Mineure
est composée d'un Ton et demi..........................

Une Tierce Majeure
est composée de deux Tons ....

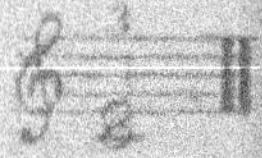

Une Quarte juste
est composée de deux Tons et demi..........................

Un Triton ou Quarte Superflue
est composé de trois Tons..........................

Une Fausse-Quinte ou Quinte Mineure
est composée de deux Tons et deux Semi-Tons...

Une Quinte juste
est composée de trois Tons et demi ....

Suite de la Fig: I.

Une Quinte Superflue
est composée de quatre Tons........................ 

Une Sixte Mineure
est composée de trois Tons et deux Semi-Tons.... 

Une Sixte Majeure
est composée de quatre Tons et demi.................. 

Une Sixte Superflue
est composée de cinq Tons.............................. 

Une Septième Diminuée
est composée de trois Tons et trois Semi-Tons...... 

Une Septième Mineure
est composée de quatre Tons et deux Semi-Tons.... 

Une Septième Majeure
est composée de cinq Tons et demi..................... 

Une Octave
est composée de cinq Tons et deux Semi-Tons.... 

Une Neuvième Mineure
est composée de cinq Tons et trois Semi-Tons..... 

Une Neuvième Majeure
est composée de six Tons et deux Semi-Tons...... 

MANIÈRE DE CHIFFRER LES ACCORDS.

ACCORDS par **SUPPOSITION**, ou par Supperposition, ou Prolongement d'un Accord Antécédent sur une portion de la durée de son Conséquent.

Accord de Quarte et Quinte

Planche 26. TABLEAU de 40 accords sur chaque Note.

Accords consonnans composés de deux notes.

Sur UT.

A

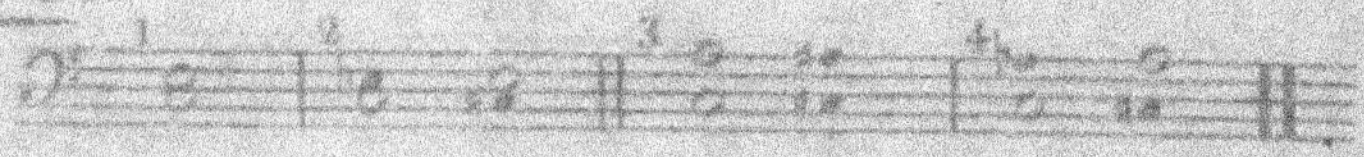

Accords dissonnans composés de deux notes.

B

Accords consonnans composés de trois notes.

C D E

Accords dissonnans composés de trois notes.

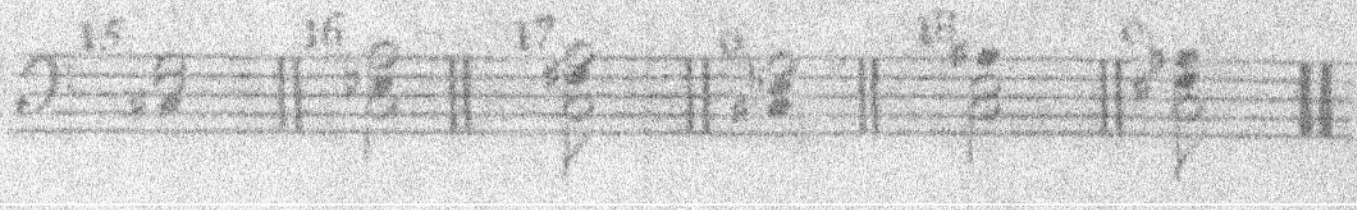

Accords fondamentaux de Septième.

F

Accords de Quinte et Sixte, 1er. Renversement.

G

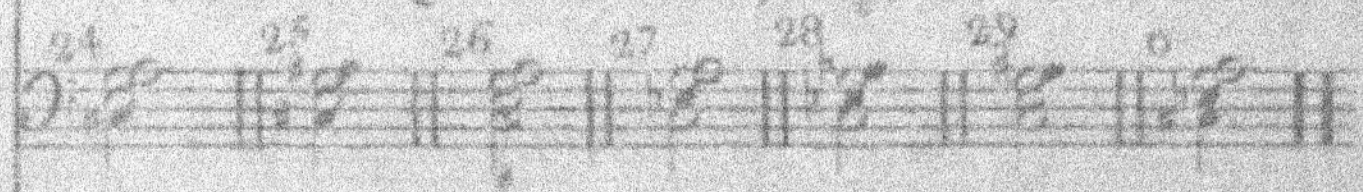

Accords de petite Sixte, 2e. Renversement.

H

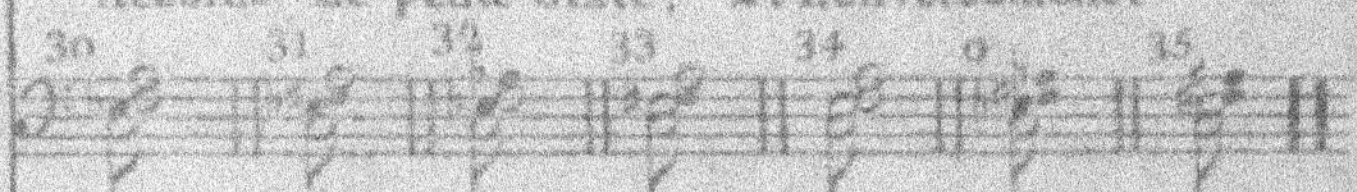

Accords de Seconde, 3e. Renversement.

I

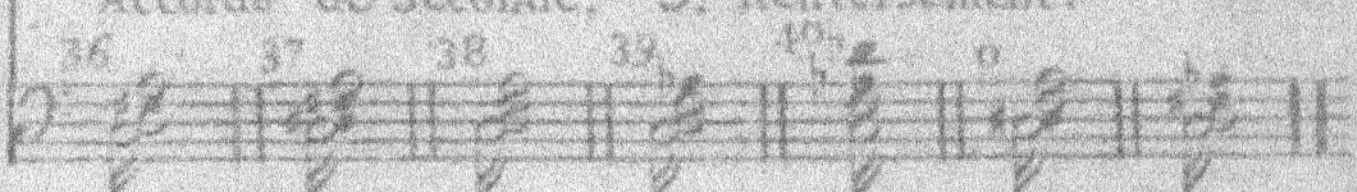

Accords par supposition.

Accords de Quarte et Quinte.

Ac: cons: de 2 notes. Ac: diss: de 2 notes.

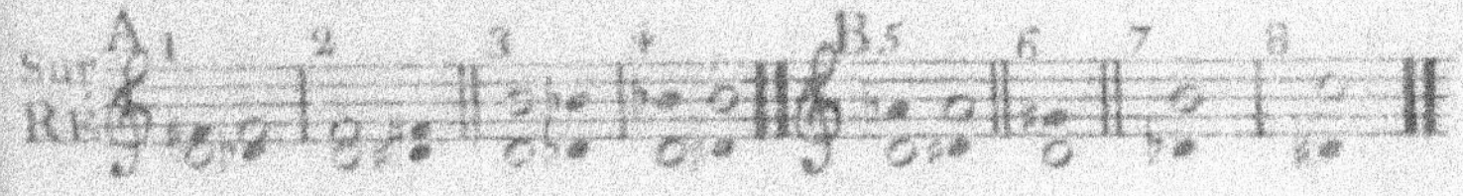

Ac: cons: de 3 notes. Ac: diss: de 3 notes.

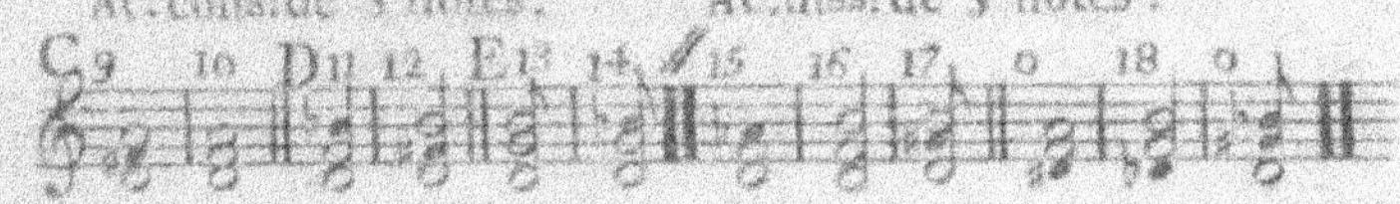

Accords fondamentaux de Septième.

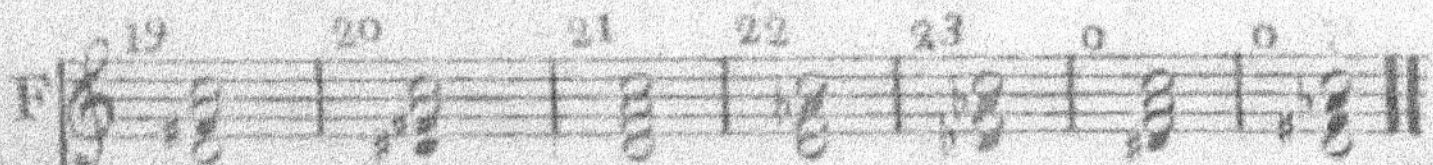

Accords de Quinte et Sixte, 1.er Renversem.t

Accords de petite Sixte, 2.e Renversement.

Accords de Seconde, 3.e Renversement.

Accords consonnans composés de deux notes.

Sur MI.

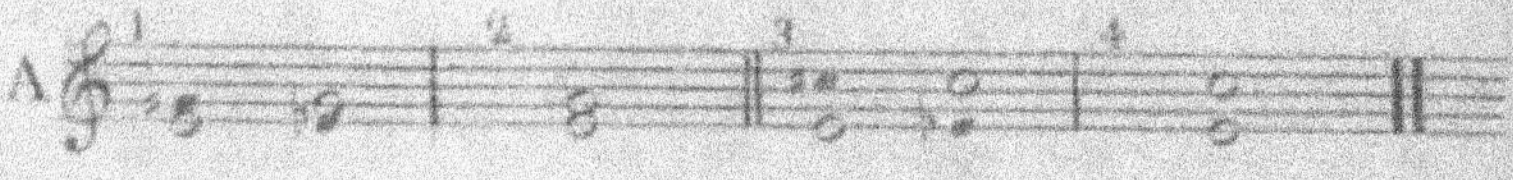

Accords dissonnans composés de deux notes.

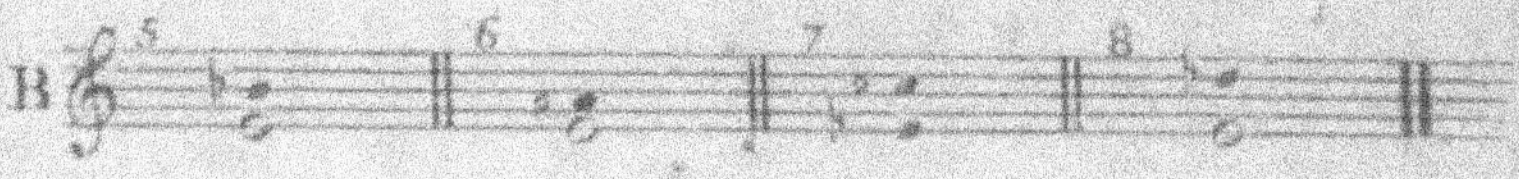

Accords consonnans composés de trois notes.

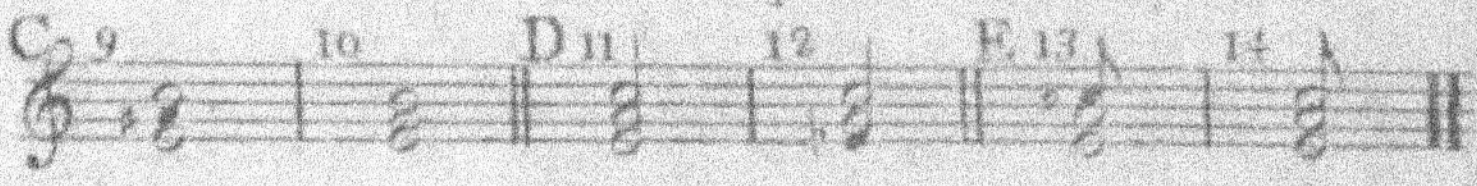

Accords dissonnans composés de trois notes.

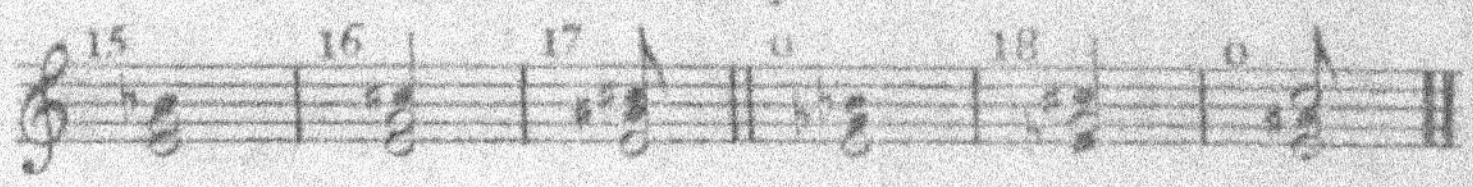

Accords fondamentaux de Septième.

Accords de Quinte et Sixte, 1er Renvt.

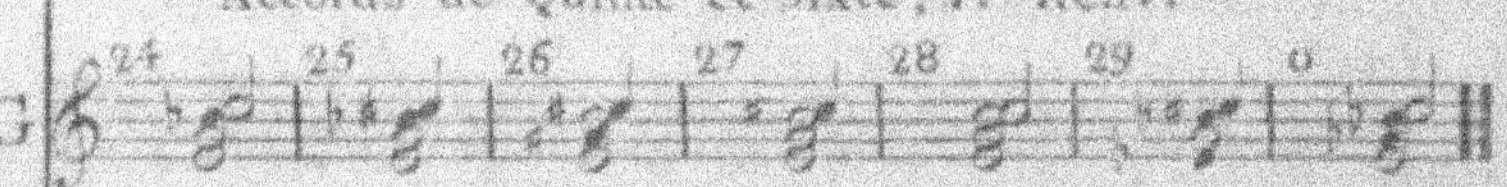

Accords de petite Sixte, 2e. Renversemt.

Accords de Seconde, 3e. Renversement.

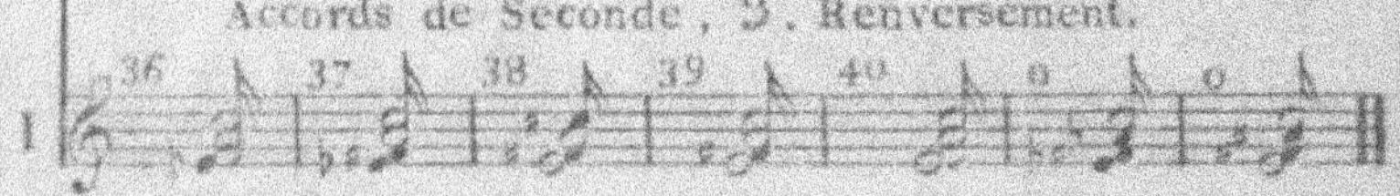

Accords consonnans composés de deux notes.

Sur FA.

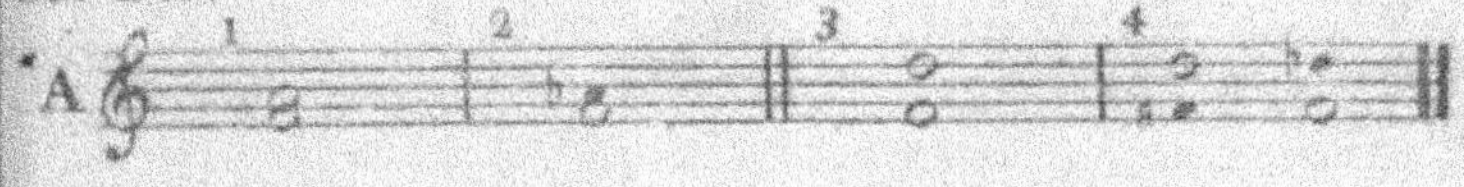

Accords dissonnans composés de deux notes.

Accords consonnans composés de trois notes.

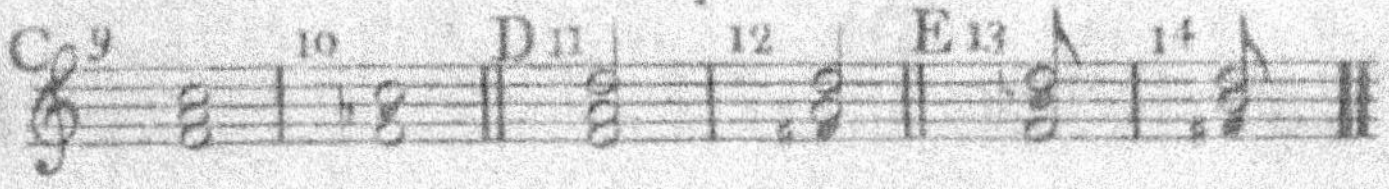

Accords dissonnans composés de trois notes.

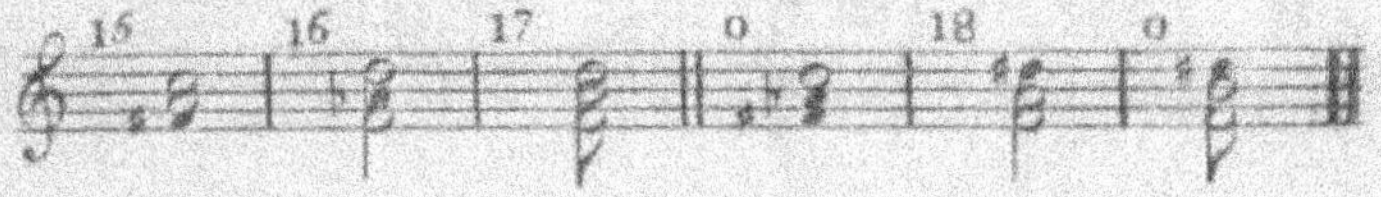

Accords fondamentaux de Septième.

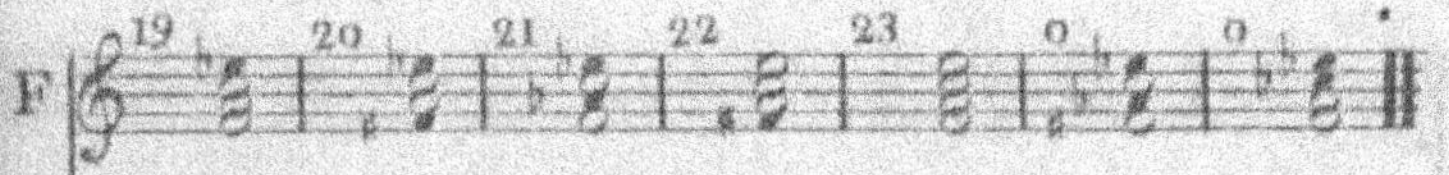

Accords de Quinte et Sixte, 1.er Renv.t

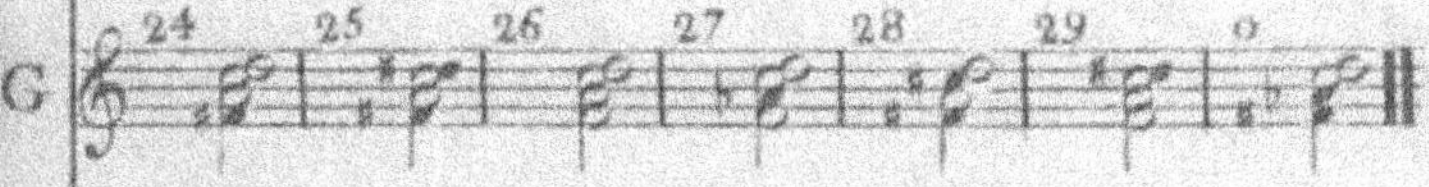

Accords de petite Sixte, 2.e Renversem.t

Accords de Seconde, 3.e Renversement.

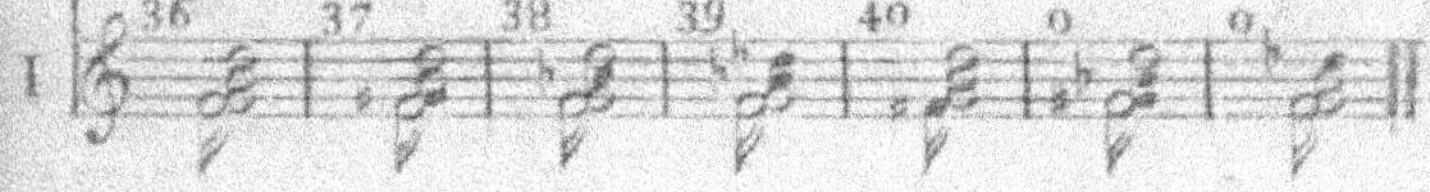

Accords consonnans composés de deux notes.

Sur SOL.

A
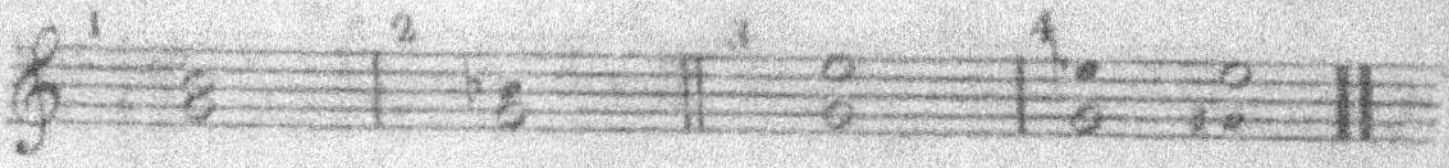

Accords dissonnans composés de deux notes.

B
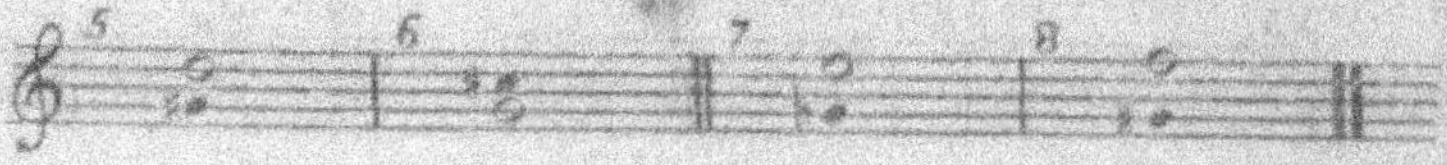

Accords consonnans composés de trois notes.

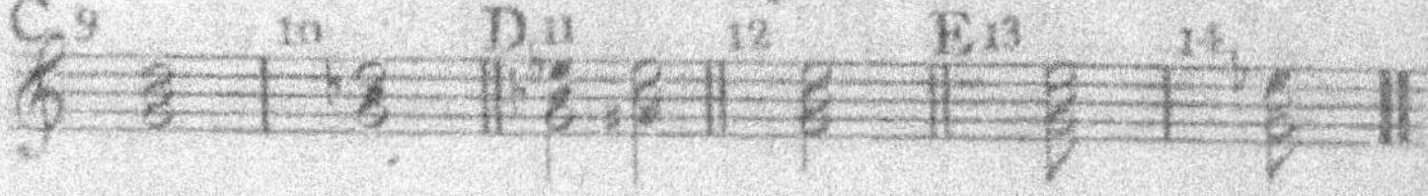

Accords dissonnans composés de trois notes.

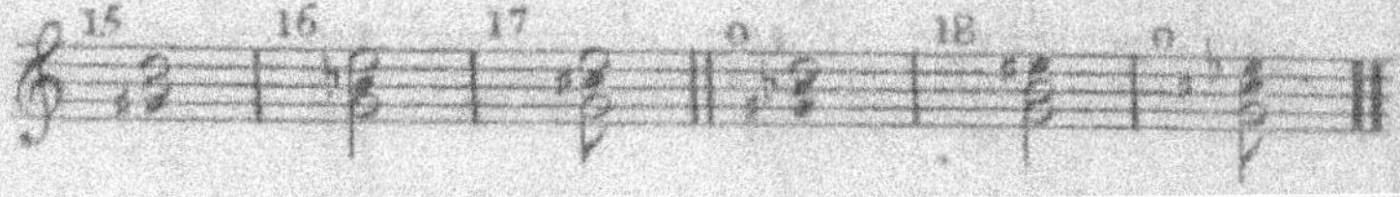

Accords fondamentaux de Septième.

F

Accords de Quinte et Sixte, 1er Renversem^t^.

G

Accords de petite Sixte, 2^e^ Renversement.

H

Accords de Seconde, 3e Renversement.

I

Accords consonnans composés de deux notes.

Sur LA.

Accords dissonnans composés de deux notes.

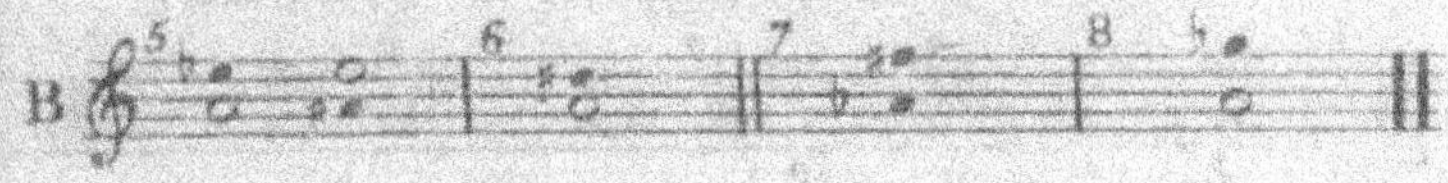

Accords consonnans composés de trois notes.

Accords dissonnans composés de trois notes.

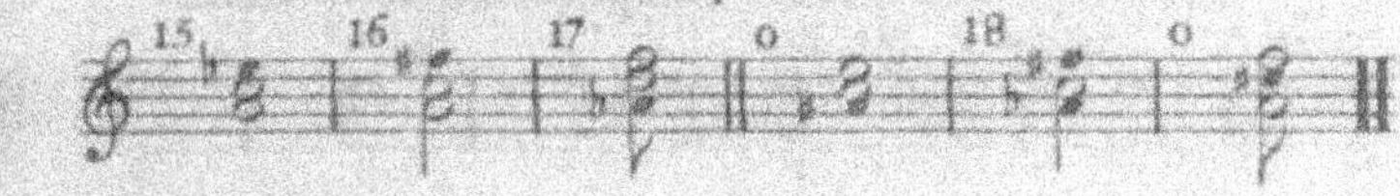

Accords fondamentaux de Septième.

Accords de Quinte et Sixte 1.er Renv.t

Accords de petite Sixte 2.e Renversem.t

Accords de Seconde 3.e Renversement.

Accords consonnans composés de deux notes.

Sur SI.

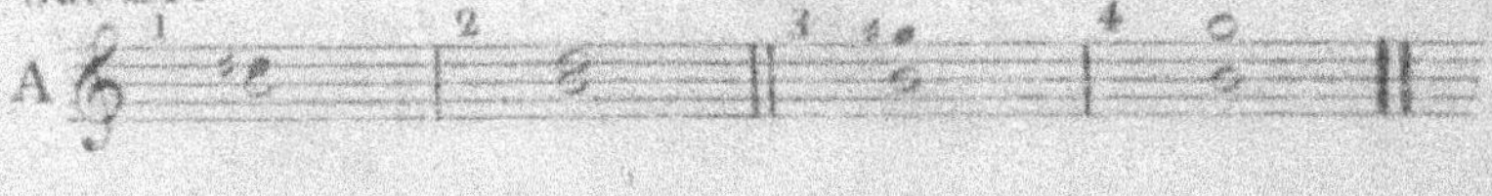

Accords dissonnans composés de deux notes.

Accords consonnans composés de trois notes.

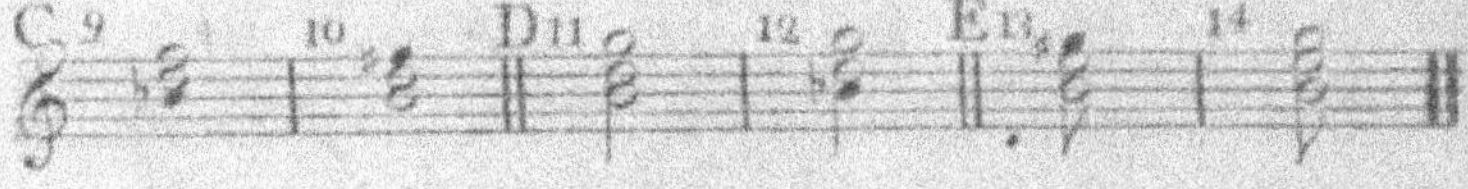

Accords dissonnans composés de trois notes.

Accords fondamentaux de Septième.

Accords de Quinte et Sixte, 1er Renversemt.

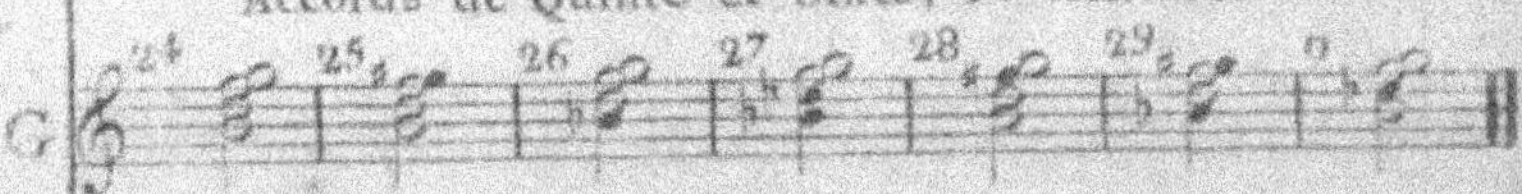

Accords de petite Sixte, 2e Renversement.

Accords de Seconde, 3e Renversement.

Planche 27.

DES IMITATIONS.

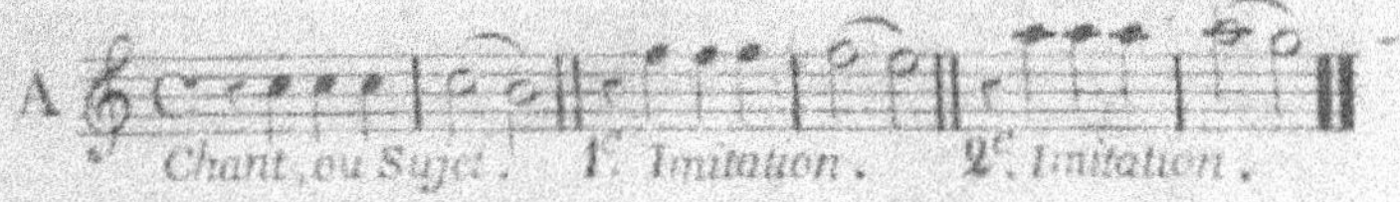

Imitations parfaites et Tétracordes conjoints.

Tétracordes disjoints.

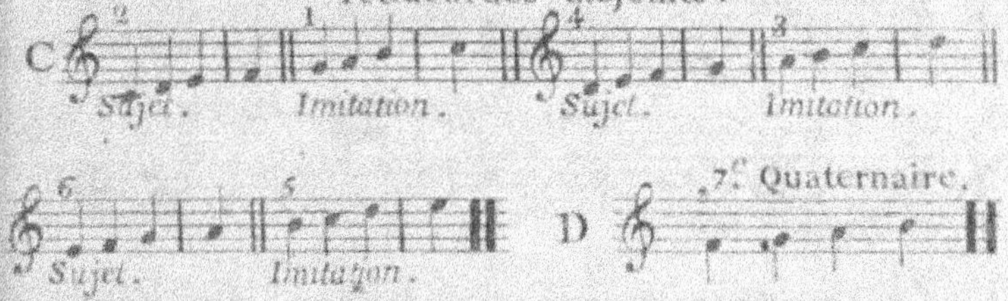

Imitations imparfaites.

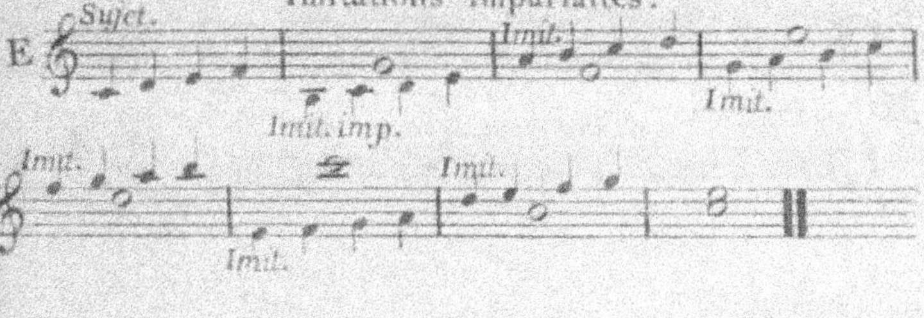

Imitation régulière.
G
Sujet.
Imitation à la Quinte audessous.
H
Sujet.
Imitation à la Quarte audessous.
I
Sujet.
Imitation à la Quinte.
K
Sujet.
Imitation à la Quarte.
L
Sujet.
Imitations à la seconde audessus, ou 7.e audessous.
M
Sujet.
Imitation.
Sujet.
Imitation.

Imitations à la Tierce

N

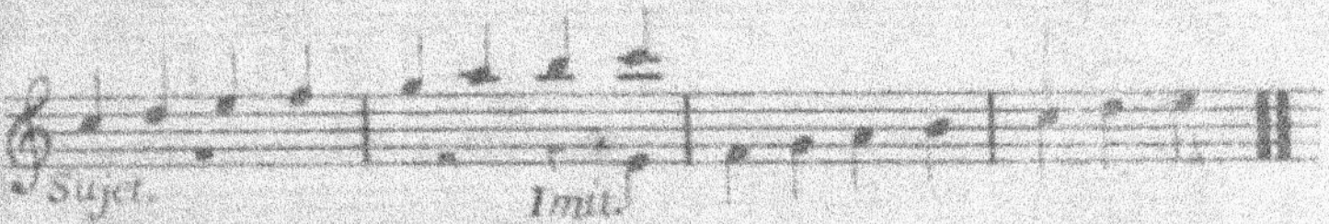

Imitations à la Quarte

O

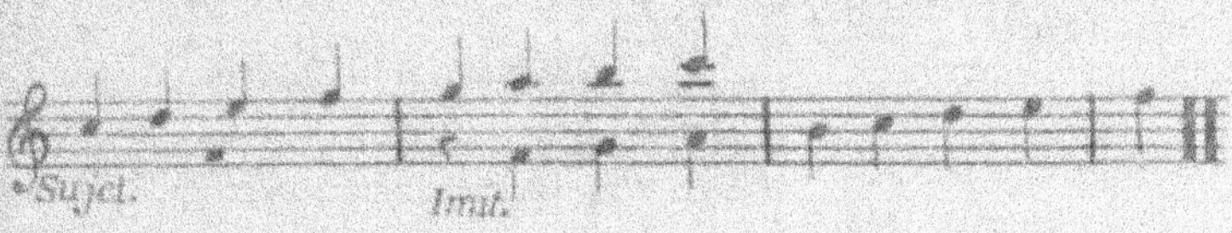

Imitations à la Quinte

P
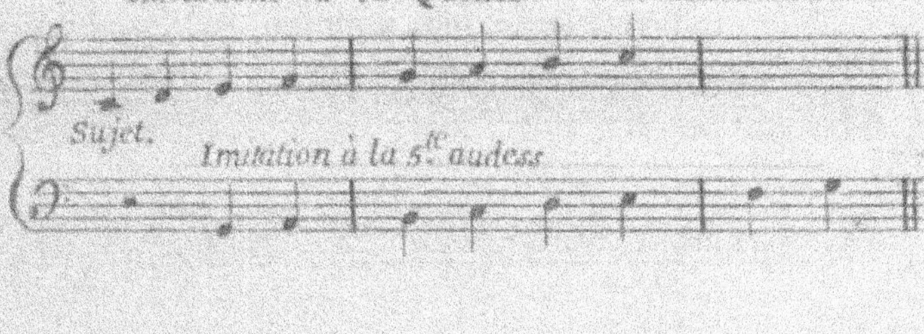

Imitations à la Sixte.

Q

Imitations à la Septième.

R

Imitations à l'Octave.

S

Imitations par mouvement opposé ou contraire.

T

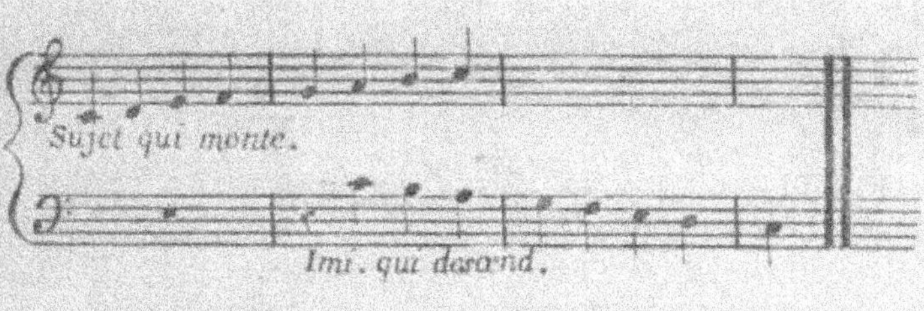

U

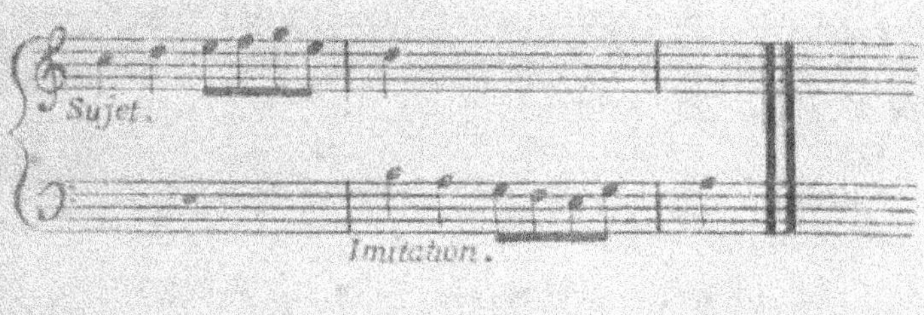

Imitations rétrograde.

V X

Imitation rétrograde et par mouvement contraire.

Y

Imtation entrecoupée, ou interrompue.

Z

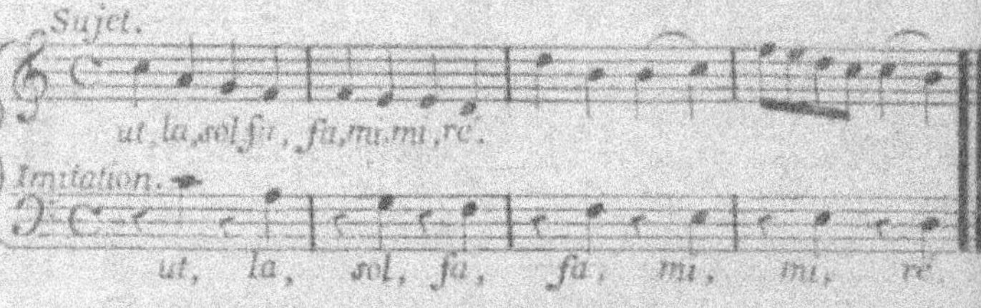

Imtations à contretems, ou à tems opposées.

AA

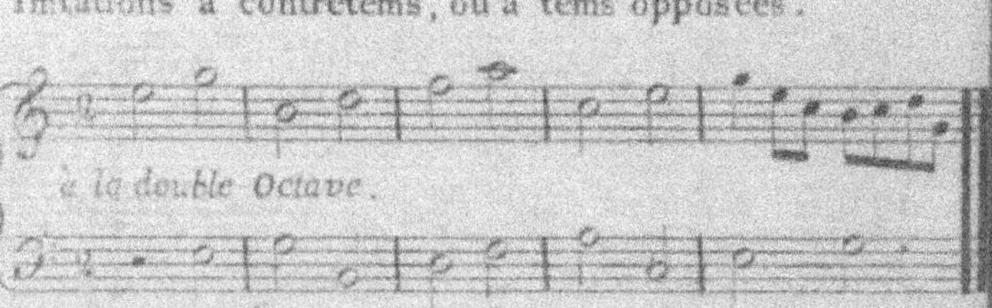

Imitation à la Quarte.

BB

Imitation syncopée et à la Sixte.

CC

Imitation syncopée et à la Tierce.

DD

Imitation à la double Octave.

EE

IMITATION par augmentation

dans la durée des Notes.

FF

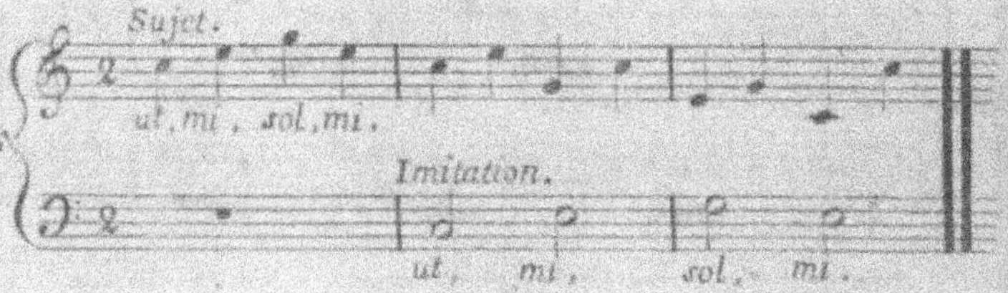

GG

IMITATION par diminution,

dans la durée des Notes.

HH

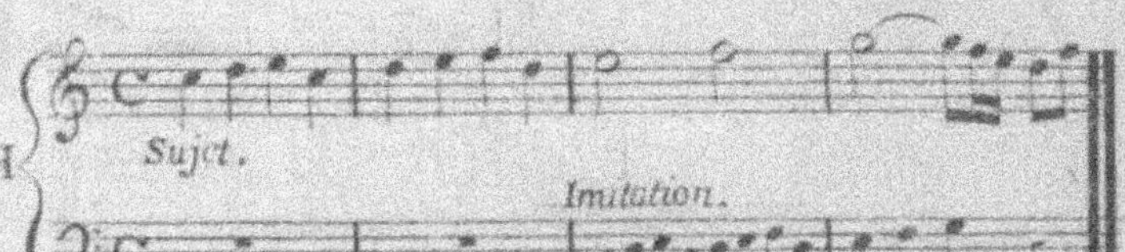

Chap. et Pl. 28.

Planche 28.

HAYDN, QUATUOR.

A

HANDEL.

B

Le même Allegro simplifié.

Le même écrit à deux tems et sans ellipses.

Le même Allegro écrit avec une seule cadence par mesure.

F

G

HAYDN.

H

I

K
L
Sujet ou Thême.
Contre-sujet ou réponse.
M
FUGUE de HANDEL.
Répétition du Thême.
Imitation à la 4te au dessous
Le même à trois parties.
N
HAYDN.
Andte poco allegtto
O
1er Vers.

2e. Vers.
Idem.
P
1er. Vers.
2e. Vers.
De Charles Philippe Emmanuel BACH.
All°.
Q
1er. Vers.
2e. Vers.

HAYDN.

Planche 29.

CANON PERPÉTUEL

Par mouvement semblable, et

a l'Octave audessous

Par *MUZIO CLEMENTI*.

Fig. A.

Suite du Chapitre et PLANCHE 29.

Suite du Chapitre et PLANCHE 29.

Suite du Chapitre et PLANCHE 29.

2e. CANON PERPÉTUEL

à l'Octave et par mouvement semblable.

HAYDN.

Fig. B.

Suite du Chapitre et PLANCHE 29.

Planche 30.

QUATUOR DE MOZART.

(Fig. A.)

Queue
complément
lien
lien
a b c d
..grat, je veux me plaindre,et non pas t'at..tendrir.

F
Hémistiche
2e. vers.
Ah! quand tu fais mon dé_plaisir, in_

Suite du Chapitre et PLANCHE 30.

3e. vers
lien.
Quoi! tu peux me quit ter sans rougir?

Fz
Fz
Fz
Fz P
4.e vers.
5.e vers.
quoi! tu peux me quitter sans rougir? quoi rien ne peut te rete...

3.e Période.
6.e Vers.
7.e V.
8.e V.
9.e V.
...nir?
fuis!...non

Hémist.
10e. vers
reste, oui reste, ou je vais mourir oui

cres
p
cres
p
cres
H.c V.
reste, oui reste ou je vais mourir
ENÉE
Que je

Fz P
tr
4e. Période.
tr
tr
12e. V.
13e. V.
tr
je t'en pri_e
je t'en pri___e
suis malheureux
fa_tal de...

si je te perds, je vais mou....rir !
voir

5.e Période.
P
lien.
14.e V.
ou
lien.
si je te perds, si je te perds, je vais mourir !
P

Hémist.
Césure.
15.e V.
lien.
Ah! si jamais Didon eût pour toi quelques charmes

2e. Hémistiche.
cou_ ler ses tristes
ne vois pas sans pi_tié, sanspi_tié, couler mes

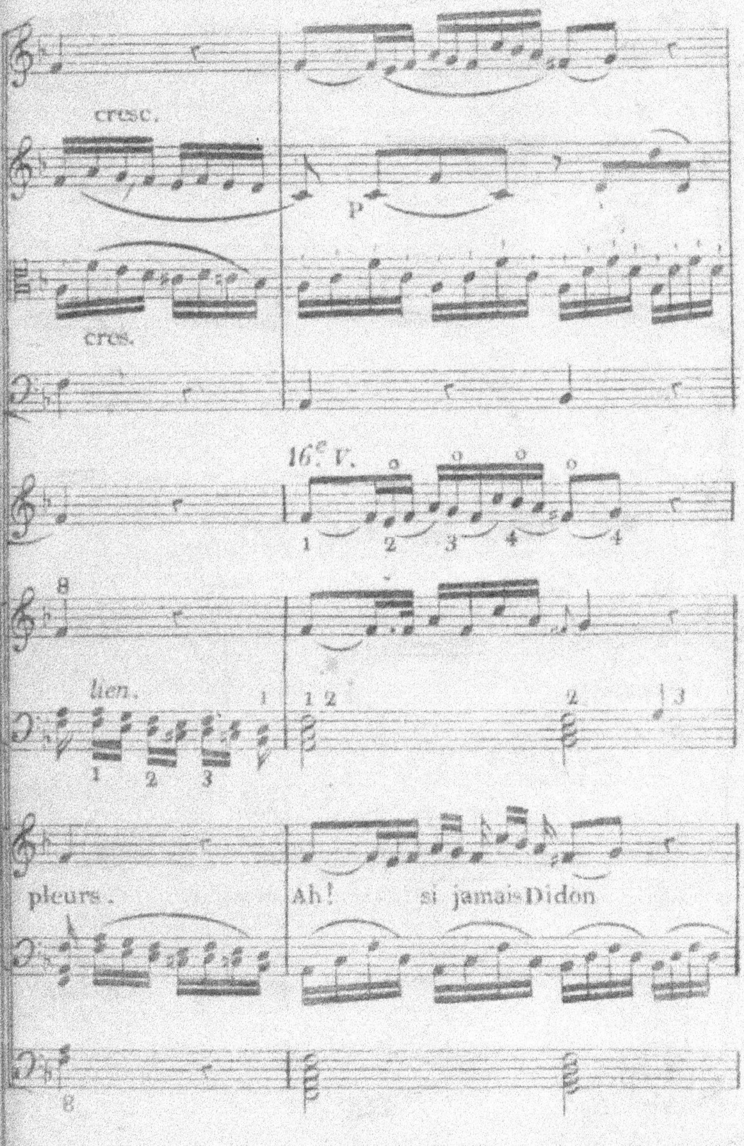
cresc.
p
cres.
16.e V.
lien.
pleurs.
Ah! si jamais Didon

2e. Hémist.
eût pour toi quelques charmes

F
F
F
F
1 2 3 4 5 6 7 8 9
5 6 6 7
ne vois pas sans pi_tié ne vois pas sans pi_

P cres
6.e Période.
17.e V.
tié couler mes pleurs
P cres

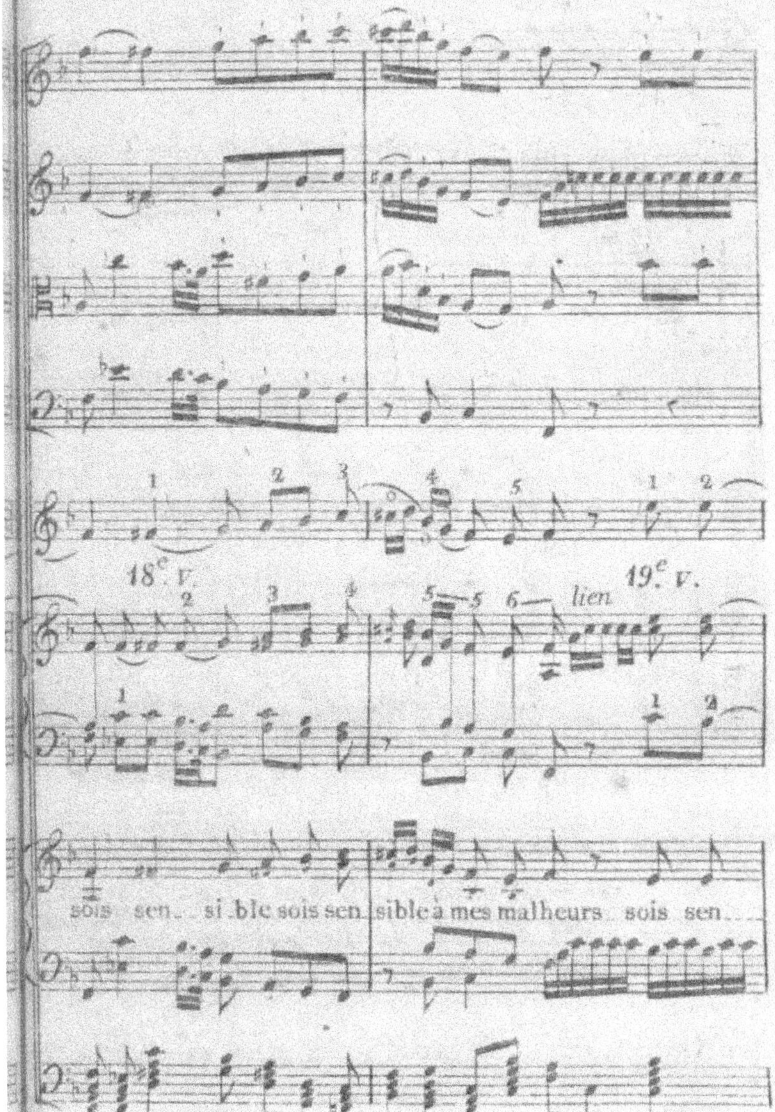
18e. V.
19e. V.
lien
sois sen.. si .ble sois sen. sible à mes malheurs .. sois sen....

..sible à mes mal.heurs, sois sen... sible à mes mal...

7e. Perode.
heurs

8e Période.
Quoi! tu ne réponds rien?
Hé

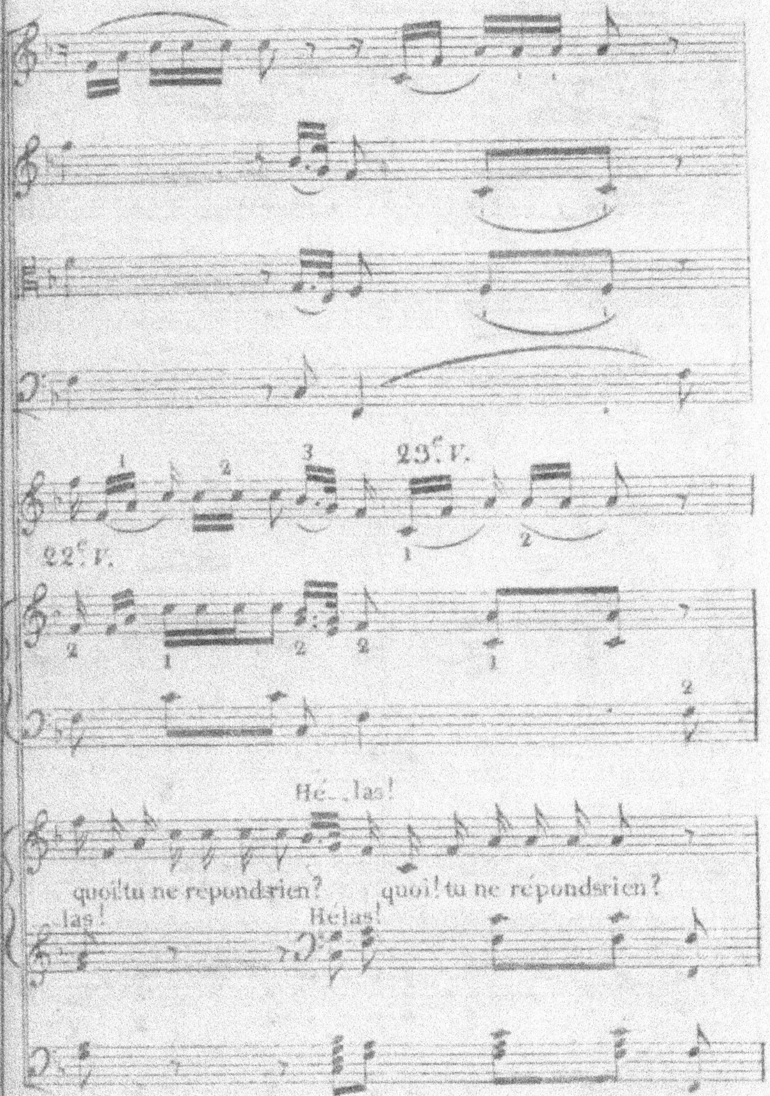
23e V.
22e V.
Hé_las!
quoi!tu ne repondsrien?
quoi! tu ne répondsrien?
_las!
Hélas!

à la 1.e Fois.
24.e V.
25.e Vers.
quoi! tu ne reponds rien ?
quoi! tu ne reponds rien ?

Fig. B.

1. Violon & Chant.
2e. Fois.
quoi! tu ne réponds rien? quoi! tu ne réponds rien?
2. Violon
Alto.
Basse
Piano-Forte.
Période 1re.
Hé.......las! mes lar....mes, mes ap..pas,
Premier vers.
tr

ne te touchent pas,
tu veux me don ner
le trê
pas Mons
tre in di
N°. 2.
N°. 1.

gue du
jour voi_là le prix de tant d'a_
3.e vers
mour oui, voi_là le prix de tant d'a_ mour!
4.e vers
5.e pers.

Fuis, mal...heu reux!
6.e vers.
Fuis malheu reux! Non! reste en.
3.e Pér.
7.e vers.

(à part, avec espoir.)
..co....re il pa.rait s'at.ten.drir!
Non reste en..co....re
8e. vers.

il paraît s'attendrir à l'ob..
9e. vers.
..jet qui t'a... do..re rends la vie et le bon
10e. v.

heur non, dé_chi_re mon cœur. In_
11e. vers.
Complément de la 4e. Période.
grat! oui, dé_chi_re mon cœur. In_
F P
5e. Période.
12e. vers.

grat ! oui, dé_chi_re mon cœur, In_
FP
13e. vers.
grat ! oui, dé_chi_re mon cœur, Ité_
14e. vers.

sotto voce.
las! quand tu fais mon déplaisir In...
6e. Période.
tr
15e. vers.
--grat! je veux me plaindre et non pas t'attendrir

F
Ah! quand tu fais mon deplai . sir in ..
16e. vers.
.grat je veux me plaindre,me plaindre et non pas t'atten.
tr

F
P
tr
..drir. Quoi! tu peux me quit ter sans rougir?
7e. Période
17e. v.
18e vers
Quoi tu peux me quit ter sans rougir quoi rien ne peux te rete_
8e. Période.
18e. v.
19e. vers.

..nir ?
Fuis , non
F
P
20.e vers.
21.e vers.
22.e vers. F
23.e vers.
9.e Période.
reste, ou je vais mou_rir reste, ou je vais mou_

...rir reste ou je vais mou...rir ar....rête, ar....
24e. vers.
...rête, ou je vais mou..rir je t'en
tr
10e. Période.
25e. vers.
tr

pri_ _e ! je t'en pri_ _e ! si je te
11.e Période
F
F
26.e vers.
27.e vers.
à l'octave..........8
perds je vais mou_ _ _ _rir si je te
28.e vers.
29.e v.
30.e vers.

perds, si je te perds je vais mou....
..rir. Ah si jamais pour toi
12e. Période.
31e. vers.

j'eus quel_que char mes viens ta_____
8
8
rir viens ta_rir mes pleurs. Ah! si jam.s Di
cres.
32.e vers.

..don eut pour toi quelques
charmes ne vois pas sans pi..

tr
tie, ne voispas sans pitie cou ler mes
tr
pleurs
cres
F
13e. Périod. P
P
F
F
33e. vers.
cres F

sois sen.....sible à mes mal...heurs sois sen..
34e. vers.
cres.
..sible à mes mal.heurs sois sen..sible à mes mal...
14. Période.
35e. vers.

_heurs sois sen_sible à mes mal___heurs
36e. vers.
P

Quoi! tu ne réponds rien?
Quoi! ? Q ?
15e. Période.
16. Période.
37e. vers.
38e. v.
39e. v.
Q ?
Q ?
cres.

je ne puis plus longtems en durer tes rigueurs
cres
cres
cres
cres
40. vers.
41.e vers.
je ne " " " "
en durer " " "
42.e vers.
43.e v.

en durer tes rigueurs
je le
44e vers.
45e vers.
sens je meurs.
17e Période.
46e vers.

RÈGLE DE L'OCTAVE.

Fig. C.

Planche 31.

SYSTÊME Musical de la nature, produit par la Dominante du Ton.

Système Diatonique en Ut Majeur.

A 

Système Chromatique en Ut Majeur.

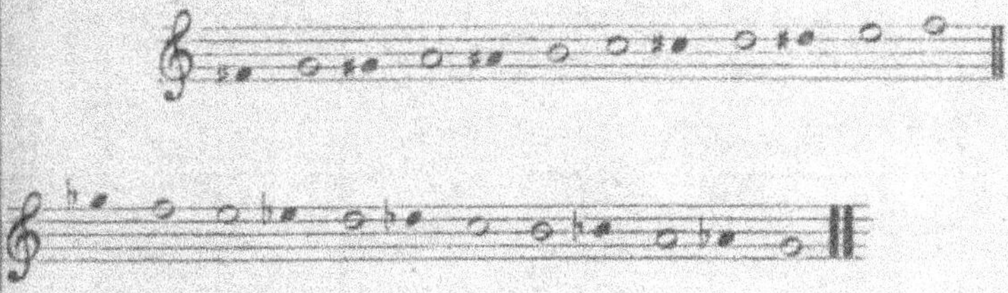

PROPOSITIONS

B 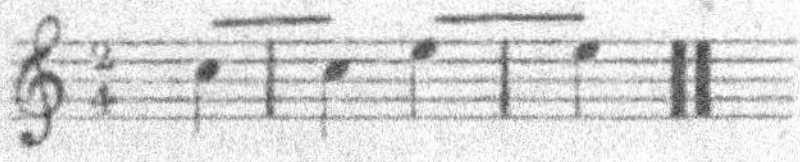

BB 

BBB 

BBBB 

C
D
E
EE
F
G
H
I
K
L
M

N.B. Il n'y a point dans cette Pl. de fig. P & Q.

Planche 32.
Fig. A
1 2 3 4 5 6 7 8
B
C
D
E
EE
Antécédent. Conséquent.
EEE
Antécédent. Conséquent. Antécédent. Conséquent.
Adagio
F
G
H
1 2 3 4 5 1 2 3 4
1 2 3 4 5 6 1 2 3 4

I
II
K
KK
L
LL
M
Mesure à deux tems égaux.
N
Mesure à deux tems inégaux. Le 1er. moitié plus court que le 2d.
O
Mesure à deux tems inégaux. Le 1er. moitié plus long que le 2d.
P

Q
Syncopes parfaites
QQ
R
RR
S
SS
T
TT

CHAPITRE ET PLANCHE 33.

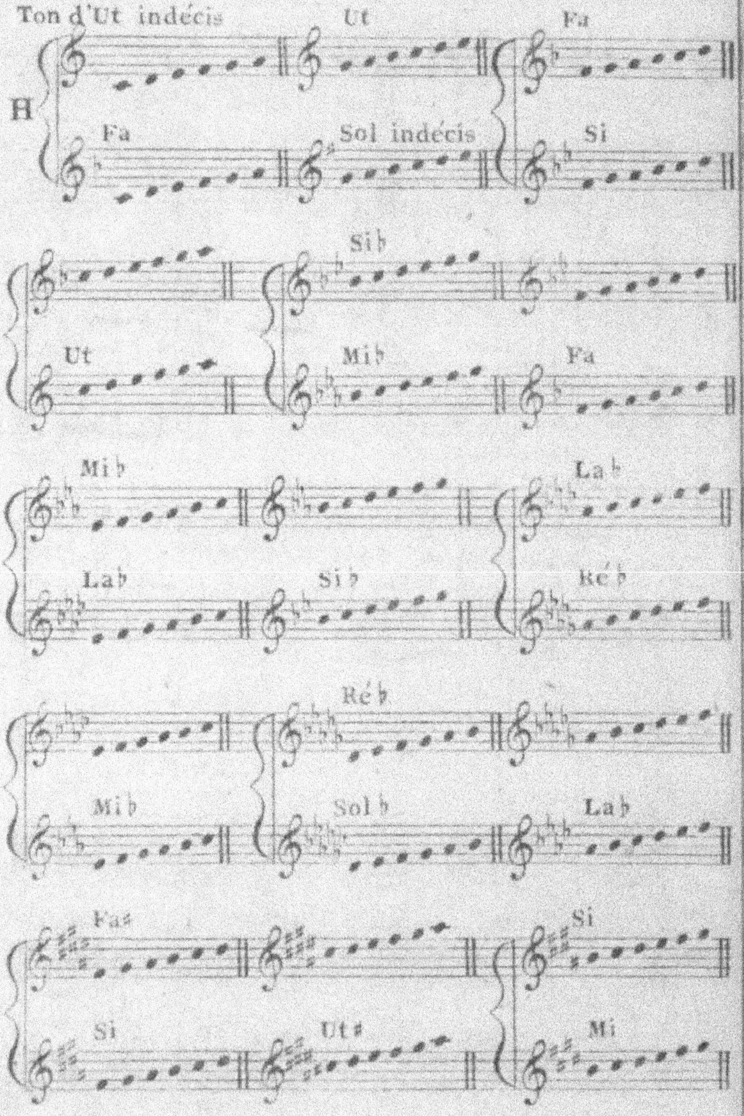
Ton d'Ut indécis
Ut
Fa
H
Fa
Sol indécis
Si
Si♭
Ut
Mi♭
Fa
Mi♭
La♭
La♭
Si♭
Ré♭
Ré♭
Mi♭
Sol♭
La♭
Fa♯
Si
Si
Ut♯
Mi

Mi
Fa
La
Si
La
Ré
I
Ré
Mi
Sol
Sol
La
Ut
Ré
Ut
Fa
Si♭
K
Mi♭
La♭
Ré♭
Si
Mi
La
Ré
Sol

Cor en FA et non en UT.
L
Cor en UT et non en SOL.
M
en Ut
en Fa
en Si♭
N
en Mi♭
en La♭
en Ré♭
en La
en Mi
en La
en Ré
en Sol
O
Voie ou Voix Mélodique.
En UT Majeur.
En SOL Majr.
P
RÉ.
LA.
MI.
SI.
FA.
UT.

LA.
MI.
SI.
FA.
Q
R
S
SS
T

TT
U
UU
U UU
UUUU
V
VV

VVV
X
XX
XXX
XXXX
Y
YY
YYY
YYYY
Z
ZZ
ZZZ

Grand Système Musical

Suite de la PLANCHE 34

G
H
I
K
L
M
Octaves
Dixiemes ou 3ces.
Sixtes
N Mêlange d'8es de 3ces et de 6tes

PLANCHE 35

PLANCHE 36

A

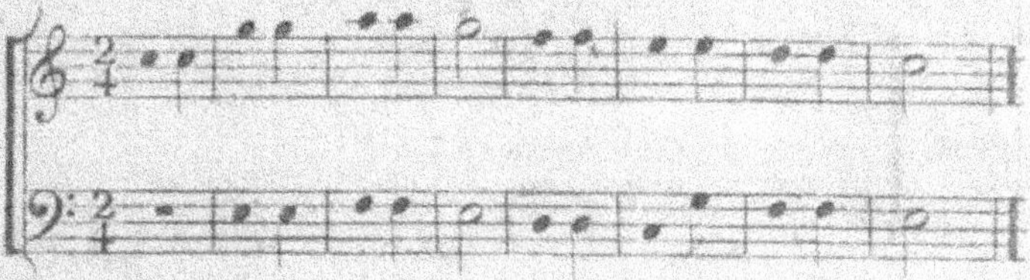

B

C

D

E
F
G
H
I

Suite de la PLANCHE

Suite de la PLANCHE 36

T

U

V

X

Y

AA
BB
CC
DD
EE
la
sol
mi
fa
mi fa re ut
FF
GG
HH

Suite de la PLANCHE 36

Suite de la PLANCHE 36

Suite de la PLANCHE 37

Suite de la PLANCHE 37

Suite de la PLANCHE 37

2e Vers
FF
GG
PLANCHE 38
A
1 Vers
2e Vers

+ Vers
B
Fin
D C
C
Andante

tr
D
E

Suite de la PLANCHE 38

Suite de la PLANCHE 38

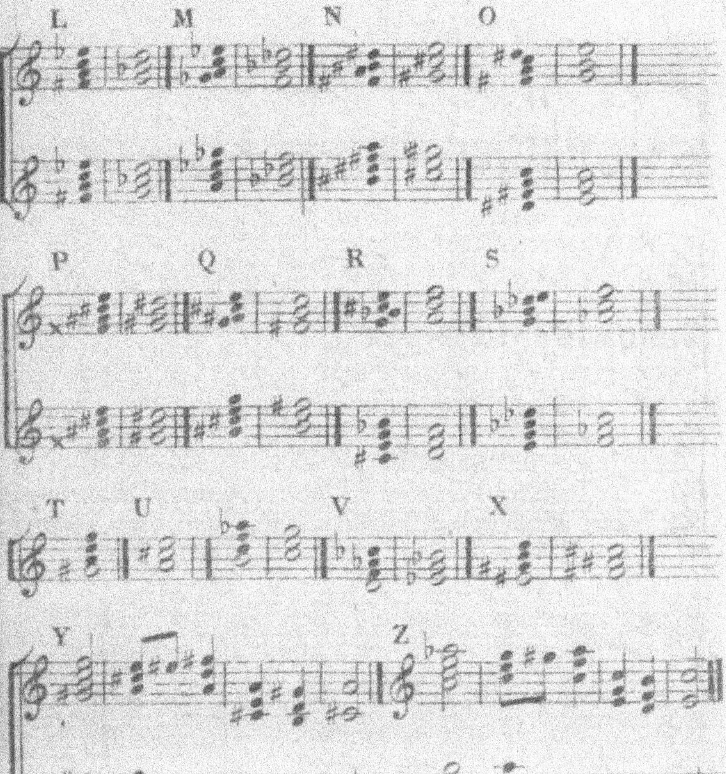

Manière de porter la Modulation un semi ton plus haut

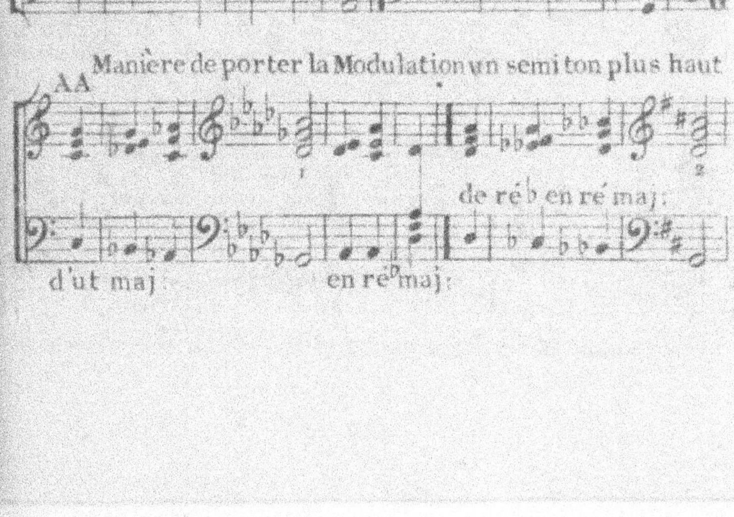

Suite de la PLANCHE 38

Suite de la PLANCHE 38

DD
EE
FF

Suite de la PLANCHE 38

KK
FUGUE A PLANCHE 39
de
Jean Sébastien
BACH
Haute Contre
2e Dessus
Imit: Renversée du 2e dessin
Taille

Suite de la PLANCHE 39

Suite de la PLANCHE 39

6. Rév:
19
20
22
21
23
7. Rév:
24

Suite de la PLANCHE 39

Suite de la PLANCHE 39

Suite de la PLANCHE 39

Suite de la PLANCHE 39

5
3e rev.
V
g
h
i
6

Suite de la PLANCHE 39

t
u
v
x
y
Canon
y Canon

C'est en vain oui
C'est en vain je veux être obé-i
aa
10
11 6.e Rév:
IX
bb
cc

X
dd
XI
Adagio

PLANCHE 40

Tableau de ce que devient un intervalle en se renversant à l'8^{ve}

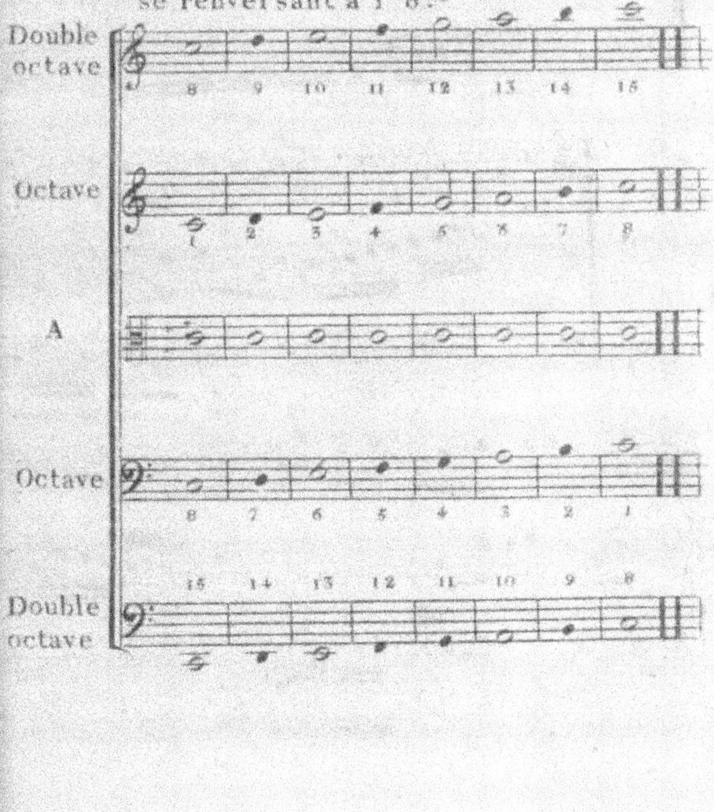

Duo

B

d'HAYDN

C

C.P.E.

BACH.

tr
D
OMIGNY
Canto fermo
ou
Plainchant
Duo
Pan - ge lin -
à l'8v. enbas
gua

Suite de la PLANCHE 40

G
tr
H
très dure
très dure
K A
de B
BACH C
Violon
Alto
Basse

Suite de la PLANCHE 40

Suite de la PLANCHE 40

Suite de la PLANCHE 40

A

PLANCHE 41

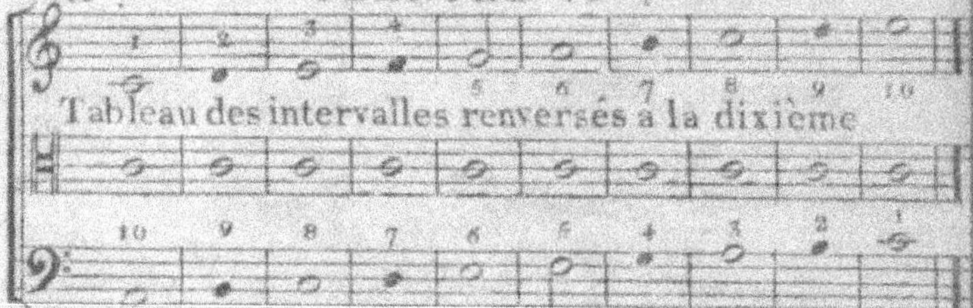

de MOMIGNY

B

Duo
ou
Trio

Suite de la PLANCHE 41

C I II III IV
N° I II III IV
V VI
V
VII VIII

Suite de la PLANCHE 41.

E
Oboe
Viol:1°.
Viol:2°.
Alto
Basso

F
G

H

PLANCHE 42

A. Tableau des intervalles renversés à la douzième

B C D

E F

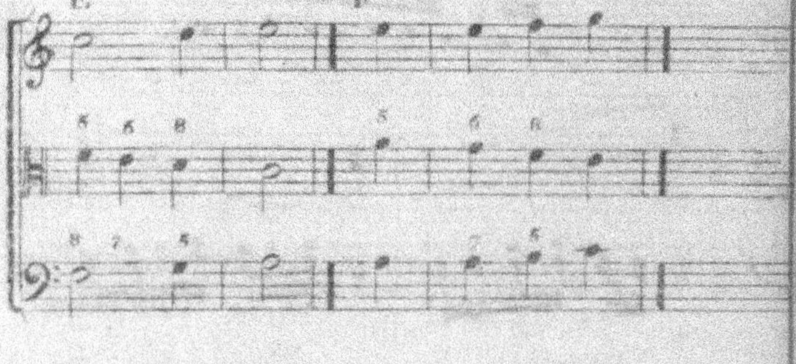

G
H
I
J
K

Suite de la PLANCHE 42

PLANCHE et CHAPITRE 43

A. Tableau des intervalles renversés à la 9e.

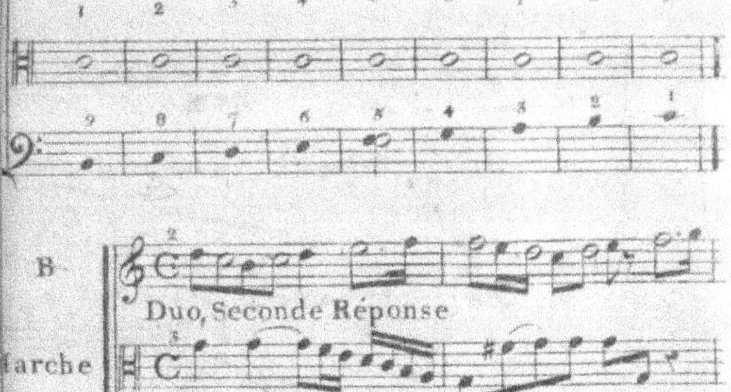

D.C.
MOMIGNY
C
Marche
Duo

Suite de la PLANCHE 43

D
Duo
Duo

g. A. Tableau des intervalles renversés à la 11e.

Suite de la PLANCHE 44

Suite de la PLANCHE 44

Suite de la PLANCHE 44

II Tableau des intervalles renversés à la 14e.

PLANCHE 45

A
Canon perpétuèl à l'unisson
d'HAYDN
B
C
fin
fin
fin
fin
fin
fin
fin

Suite de la PLANCHE 45

4 Partition entière de ce Canon
1
3
2

E. Second Viol:
1r Viol:
Alto à l'Oct.
Basse à l
double Oct.

F Canon à la seconde audessus

G Canon à la seconde audessous

H Canon à la tierce audessus

I
Canon à la 3e audessous

Suite de la PLANCHE 45

J Canon simple à la quarte audessus

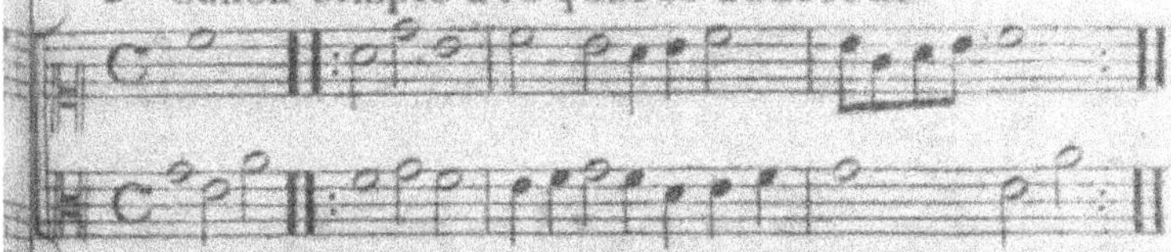

K Canon simple à la quarte audessus

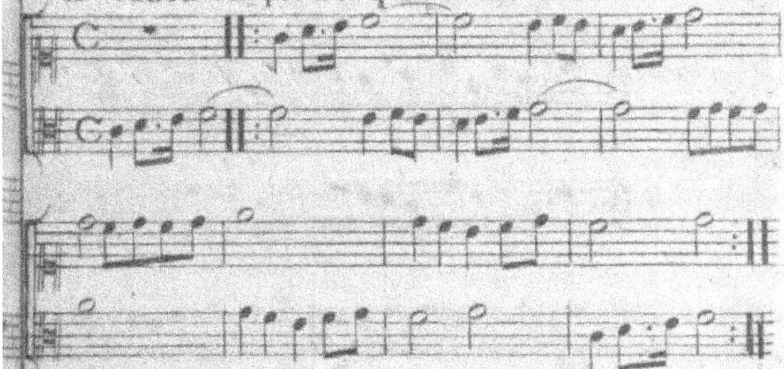

L Canon simple à la sixte audessus.

M Canon à la septieme audessus

Suite de la PLANCHE 45

RAMEAU

anon
rculaire
parcourt
les
uze Tons
ineurs
r quarte
ontant

Suite de la PLANCHE 45

Canon Poliforme

Canon
Par Augmentation
de valeur

Suite de la PLANCHE 45

Canon retrograde double

Canon fermé

Z. 

AA Imit. serrée

BB MOZART

Suite de la PLANCHE 45

EE
HAYDN
à la 3ce. ou 10e.
à la 6tes. audessous
FF
à la quarte ou 11e.
GG
à la 5e. et à la 3e. audessous

INTRADA Adagio
1re Période
Figure A
Tympani
rombe in E ♭
orni in E ♭
arinetti in B
Flauto
p
Oboi
p
solo
Fagotti
p
Violino
Violino
1re Période
Viola
sostenuto
ioloncelli
p
ntra Bassi
p

2e. Période

p
p
p

Suite de la PLANCHE 46

3.e Période

fz P fz P fz P
sf P fz P fz P
pp
Unis
1re Période
fz P fz P P
All° con Spirito
fz P fz P fz P
sf P fz P fz P

p
Col B

2e. Période

Suite de la PLANCHE 46

Col B°
fz

Suite de la PLANCHE 46

1re Clar:
F solo
3e Péri:
F
P
F
P
P
F
P
Unis
P
F
P
F
F

Suite de la PLANCHE 46

4e. Période

FF
FF
FF
FF
FF
FF
FF
fz
Complément
FF
FF
FF
FF

F
F
F
F
Col B°
sf
Unis
Col B°
fz
fz

5e Période

Suite de la PLANCHE 46

F
Col B°
Col B°

Suite de la PLANCHE 46

F
F
F
F
F
cres
cres
F
cres
F
cres
F

Suite de la PLANCHE 46

Suite de la PLANCHE 46

Suite de la PLANCHE 46

p
cres
cres
cres

Unis.
Col B.o

5.e Période

Suite de la PLANCHE 46

Suite de la PLANCHE 46

6e Période
Pizz:
Col B°.

fz
fz
p
fz
p
fz
fz
p
p
fz
7e Pér: fz
fz
p
fz
fz
p
fz
Col arco
fz
p
fz

fz
fz
FF
FF
FF
FF
FF
FF
FF

1r Période
p
p
D.C.
al Segno
17 Mesures
p
IIIe. Patie de la Simp

p
solo
3e. Période
F
p
Pizz

Suite de la PLANCHE 46

FF
fz
FF
FF
FF
FF
FF
fz
FF
FF
fz
FF
FF
FF
FF
fz fz fz fz
FF
FF
fz
FF
FF
fz
FF
FF
fz

Suite de la PLANCHE 46

p
p
p
p
Col Violoncelli
Col Viol I
Col Violoncelli

5e. Période
Col Bo.
Allegro

Col B°.
F
F
F

6e. Période

FF
FF
FF
FF
FF
FF
FF
FF
FF
FF

Suite de la PLANCHE 46

Thème
mi fa
A
Allegretto
MOZART
la si
tr
si mi
si
mi

B
C
F
P
F
P
tr

D
E

1re Interprétation
Seconde Interpret
F
G

H

Suite de la PLANCHE 47

Suite de la PLANCHE 47

Canevas
K
Adagio
MOZART
Broderie

PLANCHE 48

D
SONATE
de
CLEMENTI
E.
F
CLEMENTI
SONATE
G
CLEMENTI
SONATE
H
I
EETHOVEN
SONATE

K Della Molinara
Theme
Var
L
M
HAYDN
N
QUATUOR
d HAYDN

O
P
Q
SIMPHONIE
Rondo
d'HAYDN
R

PLANCHE 49

A.
Air
d'ORPHÉE
Ob - jet de mon a - - - -
Objet ob - jet de mon a -
-mour je te de - - man - de au
-mour je te de - man - - de au
jour a - vant l'au - - ro - - - - re
jour a - vant l'au - ro - - - - re

a - - - - - vant l'au - - ro - - -
a - vant a - vant l'au - ro - - -
-re Et quand le
-re Et quand le
jour s'en - - fuit ma voix pen-
jour quand le jour s'en - fuit ma voix ma
-dant la nuit t'appelle enco - re
voix pendant la nuit t'ap-pel - le enco - re t'ap
t'ap-pel - le en - co - - re
-pel-le t'appelle en - co - - - re
B
Eu-ri-di-ce Eu-ri-di-ce

Ombre chè-re ah dans quels lieux es-tu ?
Ton é-poux gémis sant inter-
-dit éperdu te de-mande sanscesse
à la na-tu-re en-tiè-re les vents hé-
las empor-tema pri-
-è-re empor-te ma pri-è - - - re

C
Em por - te ma priè - - - re
D
Air d'ORPHÉE Andante
J'ai per du mon Eu - - ri - -
J'ai per du mon Eu - ri -
- di - - ce rien n'é - ga - - le mon mal - -
- di - - ce rien n'é - gale mon mal -
- heur sort cru - - el quel - le ri -
- heur sort cru - el quel - le ri -
gueur rien n'é - - ga - - le mon mal - -
gueur rien n'é - ga - le rien n'é ga - le mon mal -
- heur rien n'é - ga - - le mon - mal - -
- heur rien n'é - ga - le rien n'é gale mon mal

-heur Eu-ri-di-ce Eu ri-
-heur Eu-ri-di-ce Eu-ri-
-di-ce Ré ponds quel su-pli-ce
-di - ce Ré-ponds quel su-pli-ce
Ré-pond moi c'est ton é-poux ton époux fi-
Re-pond moi c'est ton é-poux ton époux fi-
-de - le en tends ma voix qui t'ap-
-de - le en tends ma voix qui t'ap-
-pellemavoixqui t'ap pelle D.C.mortel si lencevaineespé
pellemavoixqui t'ap pelle mortel si lencevaineespé
-rance quelle souffrance quel tour-ment
-rance quelle souffrance quel tour -ment de-

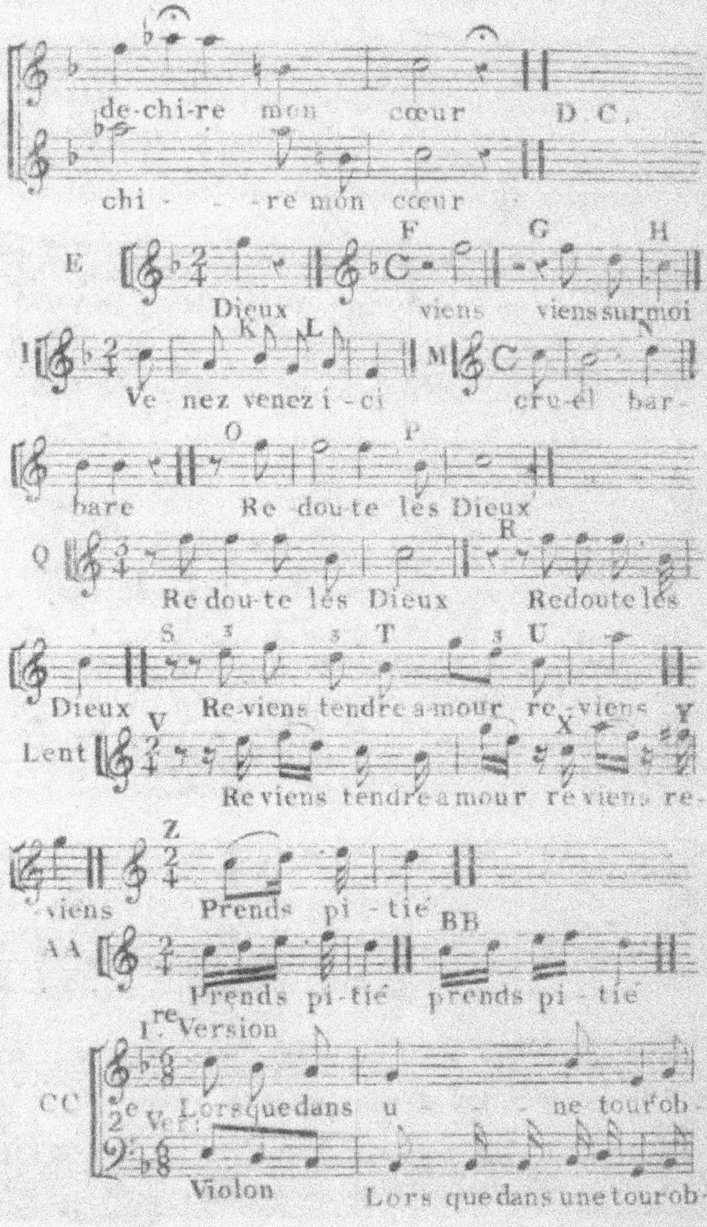
de-chi-re mon cœur D.C.
chi- - -re mon cœur
E F G H
Dieux viens viens sur moi
I K L M N
Ve-nez venez i-ci cru-el bar-
O P
bare Re-dou-te les Dieux
Q R
Re-dou-te les Dieux Redoute les
S T U
Dieux Re-viens tendre a-mour re-viens
V X Y
Lent
Re-viens tendre amour re-viens re-
Z
-viens Prends pi-tie
AA BB
Prends pi-tie prends pi-tie
1.re Version
CC
Lorsque dans u- - - ne tour ob-
2.e Ver.
Violon Lors que dans une tour ob-

-scure ce jeune homme est dans la dou-
Viol
-scure ce jeune homme est dans la dou-
-leur mon cœur gui-dé par la na-
-leur mon cœur gui-dé par la na-
-tu re doit com-pa-tir à son mal-
-tu-re doit compa-tir à son mal-
-heur si j'en-tends sa plain-te tou-
-heur si j'en-tends sa plain-te tou-
-chan-te je de viens tris-te tout le
-chan-te je de viens tris-te tout le
jour ma-man ne soit pas me-con-
jour ma-man ne soit pas me-con-

MÉTHODE Pour l'Accord du Piano

Notes de différentes espèces

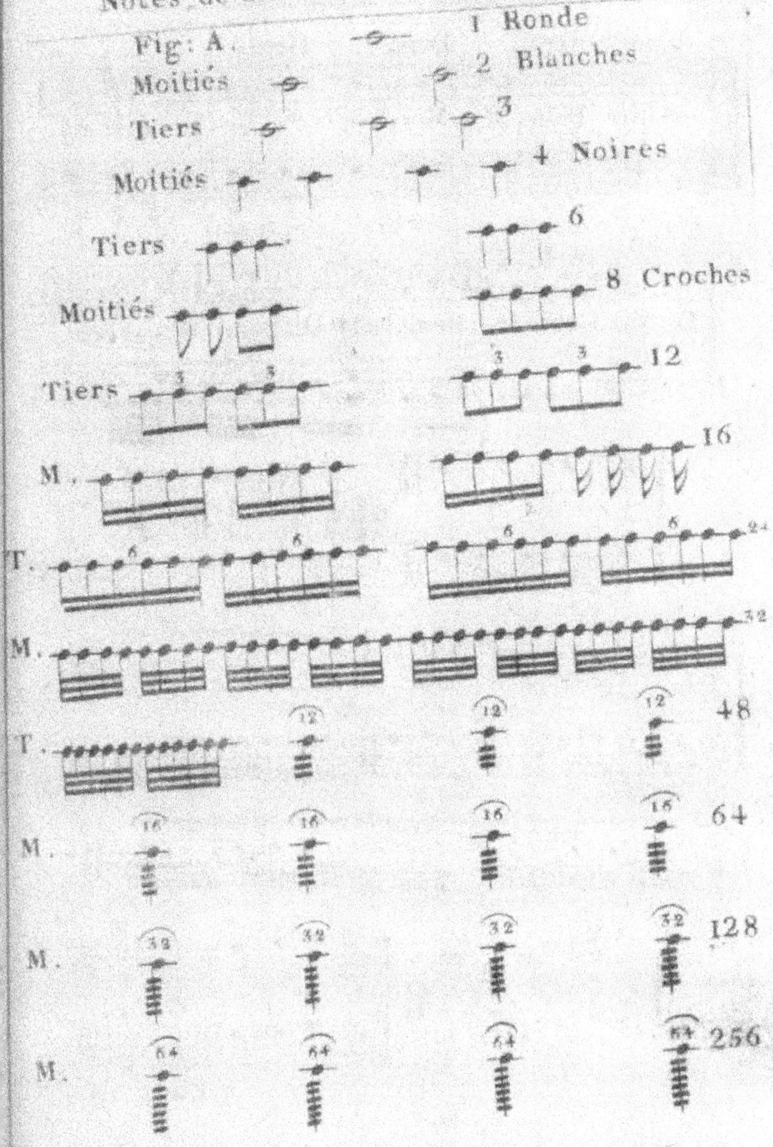

Voyez les Mesures PLANCHE 16, Fig: Q

Caractères et Signes Employés dans la Musique

D. C. al Segno 𝄋

Fin.

Lightning Source UK Ltd.
Milton Keynes UK
UKHW020024100721
386912UK00003B/247